本书受安徽高校人文社会科学研究重点项目“基于负面新闻的官员话语语用研究（SK2017A0113）”资助

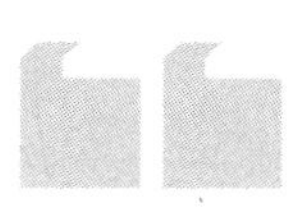

负面新闻报道的话语语用理论及实践

汤红梅 著

西南师范大學出版社
国家一级出版社 全国百佳图书出版单位

图书在版编目(CIP)数据

负面新闻报道的话语语用理论及实践 / 汤红梅著
.—重庆 ：西南师范大学出版社，2019.11
ISBN 978-7-5697-0017-6

Ⅰ.①负… Ⅱ.①汤… Ⅲ.①新闻语言—语用学—研究 Ⅳ.①G210

中国版本图书馆 CIP 数据核字(2019)第 243025 号

负面新闻报道的话语语用理论及实践

FUMIAN XINWEN BAODAO DE HUAYU YUYONG LILUN JI SHIJIAN

汤红梅 著

责任编辑：张昊越

封面设计：闰江文化

排　　版：重庆大雅数码印刷有限公司·吴秀琴

出版发行：西南师范大学出版社

地址：重庆市北碚区天生路 2 号

网址：http://www.xscbs.com

印　　刷：重庆市正前方彩色印刷有限公司

幅面尺寸：148mm×210mm

印　　张：4.75

字　　数：150 千字

版　　次：2019 年 11 月第 1 版

印　　次：2019 年 11 月第 1 次印刷

书　　号：ISBN 978-7-5697-0017-6

定　　价：32.00 元

前　言

中国新闻话语的研究大都是从传统语言学和话语分析的角度展开的，单纯从语用角度展开专题探讨的论著不多，这是其一。其二，在立足于语用学考察中国新闻话语的过程中，笔者发现：作为一个具有普遍意义的会话原则，会话合作原则就人们对一般话语进行语用分析具有直接的指导价值，但若用于一些特殊语境中的话语分析，其效能可能会受到一定的影响。比如，虚假新闻事件、连续的负面新闻报道事件等。首先，该理论更适合对会话性话语进行分析，而对会话量不大的新闻事件展开分析就有一定难度；其次，由于在会话过程中，不仅涉及对立双方，有时还会涉及记者对话语的转述，简单套用会话合作原则及相关准则，分析起来就显得程序复杂、结果不易控制。有鉴于此，笔者觉得有必要在充分吸收原有理论精髓的基础上，通过进一步构建新的原则来拓展原有的理论外延，细化其理论内涵，以更好地适应负面新闻话语的特殊语境。

具体地说，针对缺陷1——对会话量不大的新闻事件展开分析有一定难度，本书在第四章尝试从新闻报道的诸环节，如新闻的制造、传播等环节去分析新闻事件，提出了适合于虚假新闻事件分析的新闻语用质准则的概念。针对缺陷2——记者转述的问题，本书在第五章提出了适合于负面新闻分析的“度”的概念——媒体在新闻报道时要正确把握事件的“度”，不应预设自己的观点。建议媒体在事实真相查清之前，最好尽量避免使用带有主观色彩的言语行为动词，如“承认”等来预设自己的立场，相反可以用一些中性词语，如“说”等来代替。

本书共分六章：

第一章是“绪论”。主要介绍了本书的选题依据、研究对象、研究内容、研究目标等。此外，本章还综述了国内外对负面新闻报道的研究现状，包括语用原则概述、合作原则的应用概述等。

第二章为“研究方法和主要理论基础”。本章涉及的研究方法有：演绎法、归纳法、定性和定量相结合、描写和解释相结合、多学科综合研究法。因为本书是立足于宏观语用学视角研究负面新闻报道，所以重点介绍了与新闻话语阐释相关的语用学理论和原则，如会话含义理论、合作原则、新 Grice 理论、礼貌原则等。同时书中也探讨了合作原则和礼貌原则的关系，以及用合作原则来分析负面新闻话语的原因。

第三章是“基于会话合作原则的新闻话语语用分析”。本章尝试用 Grice 合作原则来分析“佛山式文明执法事件”的各个阶段中当事双方的话语，尤其是对执法一方在第一次媒体见面会上的话语进行了语用分析，分析了官员怎样说谎和为什么要说谎等问题；分析了他们在说谎时是怎样违背合作原则的质准则、量准则、方式准则和相关准则。研究表明，有必要对 Grice 合作原则加以深化或细化，以便用以处理一些特殊语境下的语用现象，比如虚假新闻事件语境、连续的负面新闻报道事件语境、主持人或记者话语语境等。

第四章为“新闻语用质准则研究”。本章基于虚假新闻的特殊语境，从会话合作原则入手，尝试借鉴语用学合作原则的质准则的原理，提出并验证了适合于新闻媒体的新闻语用质准则及其次准则。大量的实例分析显示，新闻语用质准则尤其是各项次准则的构建，有助于拓展会话合作原则理论，并直接服务于新闻话语的语用分析。本章研究为虚假新闻的分析提供了一个新的语言学视角。

第五章是“新闻语用度准则及其他准则研究”。本章在借鉴

Grice 会话含义理论精髓的前提下，通过分析负面新闻事件，提炼出了新闻语用度准则及其次准则。本章首先从 Grice 合作原则的量准则入手，分析了 Grice 合作原则的量准则直接用于指导新闻媒体的不足，并进而提出了新闻语用度准则及其四条次准则。而后，针对新闻语用度准则的各次准则展开了应用实例分析，以验证本章所提出的各项假说的有效性。最后，简单介绍了一下新闻语用的方式准则和相关准则。

第六章为“语用实践——以负面新闻报道中的官员话语为例”。本章将前几章建立起来的理论观点延伸到新闻话语的分析过程中，笔者以负面新闻事件中的官员话语为主要分析对象，尝试运用新闻语用质准则、度准则、方式准则及相关准则，就官员话语中的相关语用现象展开尽可能细致深入的分析，以展示本书提出的新闻语用原则体系对负面新闻话语研究的价值。

目 录

第一章　绪论

第一节　选题背景与选题依据

一、选题背景

当今时代是一个信息时代，我们已进入一个全新的信息社会。（郭庆光，2011）在这样一个信息爆炸的时代，各种新闻，包括负面新闻充斥着社会生活的方方面面，人们没法回避，也回避不了。

万久玲（2007）进一步指出，“负面新闻”是与“正面新闻”相反的一个概念，即指“消极”的、“不好”的新闻，或“反面”的新闻，以及对新近发生的这类事实的报道。负面新闻包括灾难性新闻，以及环保事件、食品安全类事件的报道，事故类事件的报道，医患纠纷事件的报道，暴力执法事件的报道，虚假新闻报道，等等。

本书基本赞同万久玲（2007）的界定。不过，需要指出的是，本书所涉及的负面新闻不包括八卦新闻、娱乐新闻、花边新闻等可信度不大、没有什么社会价值、不值得关注的负面新闻。

Monika Bednarek 与 Helen Caple（2012）在《新闻话语》一书中提出了新闻价值解释的九个方面，即消极性、及时性、距离、显著性、一致性、冲击性、新奇性、夸张性和个性化，并强调了消极性在这些新闻价值中心中处于首要地位。Fowler（1991）也持有同样的看法，他认为虽然没有自然的原因可以解释为什么灾难性新闻比胜利性新闻更具新闻性，但消极性新闻却具有最普遍的新闻价值。

新闻的基本属性之一是新闻的真实性，它同时也是新闻的生命线。该属性要求新闻报道中的新闻六要素（时间、地点、人物、事情、原因和经过）都经得起核实。真实的新闻应是对新闻事实的完整、准确的表述，是对新闻内容材料准确的选择，是对新闻事实准确的认识。李元授、白丁（2001）认为，以真实的新闻为媒介，记者才能赢得市场和声誉。新闻的时效性是新闻的又一个基本属性，它是新闻采访的生命，这一点可以从新闻的定义看出。新闻的价值性体现在新闻的重要性或新闻的趣味性上。

硬新闻、软新闻是根据新闻的价值性和时效性来区分的，我们把对新闻价值性强、时效性高的重要公众事件的报道称为硬新闻；把娱乐性强、时效性弱的报道称为软新闻。硬新闻关注新闻的重要性、时效性，而软新闻更关注新闻的趣味性。

虚假新闻的危害取决于新闻的价值性，而不同类型的虚假新闻其价值是不同的。因此，必须对虚假新闻进行分类。我们将那些对于关注国际民生、关系到人们切身利益的重要公众事件的不实报道称为虚假硬新闻；将那些纯知识、纯趣味、纯娱乐性的不实报道称为虚假软新闻。虚假硬新闻会损害媒体的公信力，使新闻的受众产生对新闻媒体的不信任。有些新闻失实还会导致侵权行为的发生，给国家和社会造成严重的损失。

对虚假新闻产生的原因、危害及预防措施等，新闻学、传播学和社会学相关的论述已有不少。如庹继光、刘海贵（2012）的《虚假新闻中的传媒法律责任探析》、顾理平（2008）的《契约精神视野中的虚假新闻》、马娜（2011）的《浅析网络虚假新闻的成因及应对之策》、周灿华（2010）的《论虚假新闻传播与受众的负性情绪》、赵小茉（2011）的《媒体的商业化和社会责任：浅议炒作和虚假新闻》、张珍（2011）的

《如何杜绝虚假新闻的产生》、沈之华(2011)的《坚持自律强化他律——浅议纸媒如何有效杜绝虚假新闻》等。

首先需要补充说明的是,很多时候,负面新闻并不负面,媒体通过挖掘负面新闻中的正面效应,可以创造出比正面新闻更强大的正面影响力。其次,负面新闻可以暴露社会生活中的矛盾,再现社会的阴暗面,促使人们对一些不健康的、不正常的现象进行深刻反思,从而从另一个角度去弘扬社会正能量,推动和谐社会的发展。此外,负面报道是指一种带有负面因素的新闻事实的报道。基于此,本书选择"负面新闻的报道或话语"作为研究对象。

负面新闻不一定是假新闻,它可能是真的,也可能是假的,比如对地震、火灾、动车事故等事实的报道都是负面真新闻,媒体的虚假报道属负面假新闻。本书研究的负面新闻包括负面真新闻和负面假新闻。

在新媒体时代,发生突发事件时,相关官员在公开的场合正式回应媒体的提问,如何正确地用语及用原则来分析和回答,体现了官员的水平。

二、选题依据

尽管不同学者对虚假新闻、负面新闻报道从新闻学、传播学的角度进行了不少研究,并取得了一定的进展,但是在语用学框架下对虚假新闻和负面新闻报道进行研究的为数不多。尤其是 Grice 的语用学理论在其他类型的话语分析中应用很多,但在负面新闻报道中的应用不多。此外,到目前为止,笔者还未发现用合作原则对负面新闻话语进行语用研究的相关文献。正是在这样的背景下,本研究打算立足于跨学科的视角,在语用学框架下展开对负面新闻报道的理论探索。具体来说,就是把语用学,特别是 Grice 的会话含义理论的应用领域延伸到新闻话语分析领域,旨在从新闻话语分析中找到新闻话语特有的语用规律，从而丰富语用学、新闻学、话语分析乃至新闻学理论。从这个角度来说，本研究的开展有非常重要的理论意义和应用价值。

第二节　研究对象和内容

一、研究对象

本书主要以负面新闻报道或话语为研究对象。在诸多负面新闻报道中，本书主要涉及当事双方话语互动乃至导致冲突的负面新闻，如：执法者和被执法者、医生和患者等的话语。笔者的研究基于如下假设：在牵涉负面新闻的事件中，面对广大受众，不管是官员发布消息还是媒体进行报道时，都应遵守合作原则及其准则；既要遵循合作原则的一般规律，也要符合新闻采编及报道语境下的特有语用准则——新闻语用质准则、新闻语用度准则、新闻语用相关准则和新闻语用方式准则；若违反了这些准则，可能会产生会话含义，也可能会导致虚假新闻或负面新闻的出现。为了验证此假设，笔者进行了一个前期研究，重点是用合作原则对“佛山式文明执法事件”中当事双方的话语进行语用研究，就合作原则及其准则对负面新闻话语的解释的可行性进行论证，同时提出了该原则用于特殊语境时的不足，从而为提出新闻语用质准则、度准则、相关准则和方式准则提供了现实的、可行性的支持。

二、研究内容

本研究提出的新闻语用质准则、度准则、相关准则和方式准则是否可以从语用的角度来阐释负面新闻报道或话语。具体研究内容如下：

(1)研究会话合作原则用于媒体负面新闻话语分析的可能性;

(2)针对虚假新闻的特殊语境,本书提出了针对新闻媒体的特殊语用准则——新闻语用质准则,并尝试通过对大量实例的语用分析,以验证该准则的有效性;

(3)针对负面新闻的特殊语境,本书提出了针对新闻媒体的特殊语用准则——新闻语用度准则,进而尝试通过对大量实例的语用分析,来验证该准则的有效性;

(4)此外,本书也提出了新闻语用相关准则和方式准则,并对其内容、必要性及有效性进行了简单的论述。

第三节 研究目标

本研究旨在提出新闻语用诸准则并验证其有效性。具体研究目标如下:

(1)提出并验证媒体应遵循的新闻语用质准则,包括新闻语用质准则的第一次准则、第二次准则、第三次准则及第四次准则。

(2)提出并验证媒体应遵循的新闻语用度准则,包括新闻语用度准则的第一次准则、第二次准则、第三次准则及第四次准则。

(3)提出并验证媒体应遵循的新闻语用相关准则及新闻语用方式准则。

第四节 相关研究综述

本节一共分三个部分:第一部分简单勾勒负面新闻报道的研究现状;第二部分简单介绍 Grice 合作原则及后续发展情况;第三部分概述学界运用 Grice 理论来分析新闻话语所取得的相关研究成果。

一、负面新闻报道的研究现状

（一）“负面新闻”的概念

新闻有诸多分类，依据万久玲(2007)的界定，笔者认为，负面新闻除了灾难性新闻，以及环保事件、食品安全类事件、事故类事件、医患纠纷事件、暴力执法事件等对社会来说是消极的、不好的事件的报道外，还包括虚假新闻，因为虚假新闻对社会来说也是消极的、不好的新闻。因而，在我们看来，负面新闻包含虚假新闻，而虚假新闻则是负面新闻的一种表现形式。这也是笔者在第四章以发生的虚假新闻为例，借助于语用学的会话合作原则的质准则的概念，提出媒体应遵循的新闻语用质准则的依据所在。

负面新闻可以暴露社会生活中的矛盾，再现社会的阴暗面，促使人们对一些不健康的、不正常的现象进行深刻反思；同时，人们也能够通过挖掘负面新闻中的正面效应来弘扬社会正能量、推动和谐社会的发展。目前，关于负面新闻的研究主要是从新闻学、传播学的角度来展开的，用语用学理论来分析负面新闻的成果还不多。

（二）“负面新闻报道”的界定

通过文献检索可以发现，学界对负面新闻报道的研究主要有以下议题：

1.新闻学、传播学视角下的理论研究

梁新(2009)、何淑群(2008)等人在新闻学、传播学视角下进行了相关理论研究，并得到了一些有益的结论。

梁新(2009)的负面报道论，首先对负面报道加以释义，而后通过大量实例和相关的新闻理论来阐述负面报道的类型、产生过程、特征及功能等，把负面报道与舆论监督、新闻管理等相关新闻理论结合起来进行了深入浅出的讨论。文章最后还对负面报道进行了反思、评

价。何淑群(2008)以重大灾难事件的报道为切入点,分析考察了我国负面报道的变化发展进程,结合具体案例,阐释了以往在做相关研究时存在的问题,同时界定了负面报道与影响之间的关系。

2.新闻报道的语言学研究

Juan Li(2010)、廖艳君(2004)、董玉宁(2007)、翁玉莲(2007)、柳笛(2009)、Ahmad M. Atawneh(2009)等分别从语言的角度对新闻报道进行了较为深入的研究。

廖艳君(2004)以语篇分析、系统功能语法、语用学、认知语言学等理论为指导,对新闻报道语体进行了一次现代语言学意义上的语篇分析;董玉宁(2007)运用语言学的相关理论对新闻评论展开研究,借助于基本概念和理论,他把研究的重点放在该语篇的语境构成上;等等。

翁玉莲(2007)尝试用功能语法分析报刊新闻评论话语的言语和语言规则,以期确定新闻评论的语体识别特征。该文着力于语义,尝试结合语用、语境、意识形态等因素对新闻评论的话语现象做出解释。柳笛(2009)用批评语篇分析来诠释《纽约时报》中的涉华负面报道,尝试通过对其语料的分析来观察新闻语篇价值负载的特性。

3.其他相关研究

还有一些文章涉及了负面新闻报道的重要性、传播效果、传播的人文关怀、传播价值实现特征及其启示、负面新闻传播的功能等,如罗红(2003)、刘蓉(2008)等。其中刘蓉运用合作原则和礼貌原则,对中国政府记者招待会上的会话含义展开了详细的个案分析,以此来证明这些语用学理论同样可以运用于像政府记者招待会这样重大新闻场合的语用分析。

综上所述,目前国内对负面新闻报道的研究集中在新闻学和传播学领域,对新闻语篇的语言学分析集中在批评话语分析、功能语法、语体学、语篇分析等领域。也有少量研究从语用学的角度进行分析，但还未见从合作原则的视角对负面新闻话语进行研究的相关文献。

(三)新闻语言研究

1.对新闻中相关语言现象的研究

当前对于新闻语言的研究主要是从普通语言学和语用学两个方面展开的：前者重在研究新闻语言的构成，涉及的是语音、词汇等语言的微观方面；后者从宏观角度去分析有哪些因素会对新闻语言的最后产出产生影响，强调语言和社会这两大学科的密不可分(胡云龙，2012)。从语用学的角度研究新闻，目前主要停留在研究新闻中指示语的应用、新闻中的模糊语言、直接引语在新闻中的作用以及预设在新闻语言中的应用等，还未发现从 Grice 理论视角对负面新闻报道进行相关研究的文献。

2.新闻话语分析

受梵 · 迪克等西方学者的影响，国内已有诸多学者把新闻当作话语或语篇进行研究，并取得了一定成绩。比如丁和根(2003)、辛斌(1998)、曾庆香(2003)等。

丁和根(2003)对梵 · 迪克的新闻话语结构进行了理论述评。梵 · 迪克认为新闻格局有着自己的基本范畴和组织系统；辛斌(1998)从批评语言学的角度，分析两篇新闻报道中转述引语的语篇语用功能，并考察报道者如何运用它们来传达自己的观点。曾庆香(2003)认为，可把新闻作为话语来进行分析。该文结合英美学派和法德学派的话语分析法对新闻话语进行系统、深入的研究，并从结构主义语言学、符号学、神话学、集体无意识理论和原型理论等角度对新闻话语进行了全方位的解读。曾庆香的研究对我们全面地认识新闻话语有一定的借鉴作用。

语篇分析领域先后出现了体裁分析、评价分析、语用分析、会话分析、批评话语分析等多个研究领域。杜金榜（2013）指出，这些研究领域之间相对独立，研究目标、研究方法、所用理论等各有不同。该文打算借鉴语篇分析的方法，用于分析负面新闻中官员和媒体的话语，并得出相关结论。

3.对说谎的研究

负面新闻尤其是虚假新闻与说谎有一定的关联。

为了某些目的，人们倾向于说谎，他们相信说谎是人们生存和避免进入不合适环境的自然工具(Christoffersen，2005)。然而，人们说谎的主要目的是保全面子(Anneke H. Tupan 与 Helen Natalia，2008)。有时，人们做坏事时，没有其他的选择，只好通过说谎来掩盖秘密、保全面子。人们说谎的原因有很多，比如掩盖事实、取悦听者等。

二、语用原则及相关研究综述

语用原则的研究是语用学研究的一个核心问题，更是会话含义理论的精髓。从20世纪七八十年代的古典Grice会话含义理论到关联理论，英美语用学研究主要都是围绕着对语用原则的研究展开的，可见语用原则研究的发展在语用学的学科发展过程中起到了关键性的作用。

这些语用原则包括：合作原则(Grice，1975)、质—量准则(Grice，1967)、理性原则(Grice，1967)、礼貌原则(Leech，1983)、Horn两原则(Horn，1998)、关联原则(Sperber，1995)、Levinson三原则(Levinson，1983)等。

在这些原则中，Grice提出的合作原则和后来Leech提出的礼貌原则无疑是言语交际中两条重要的原则。作为研究的进一步发展，

Brown 与 Levinson(Levinson，1983)也对礼貌现象和面子问题进行了充分的补充和分析。史红梅(2009)认为，这些都是探讨如何通过语境来理解和使用语言的基本理论。

毫无疑问，媒体不管在报道正面新闻还是负面新闻时，都应遵守一些原则，如新奇原则等，语用原则只是其中的一部分。本书主要是讨论新闻语用，因而其他方面的原则在此就不再涉及。

从某种意义上说，合作原则是非常基本的原则，是具有普遍性的原则，所以不仅在分析正面新闻报道时是可用的，在分析负面新闻话语中也应该是适用的。媒体在报道负面新闻时应当怎样运用这些语用原则，如何拓展合作原则的理论外延，细化其理论内涵，以更好地适应负面新闻话语的特殊语境，则是本书拟探讨的主要问题。

三、Grice 理论的应用综述

Grice 的合作原则所包含的四条准则是套用德国哲学家康德(Kant)的量、质、相关和方式四大哲学范畴而来的。这种哲学渊源使合作原则具有高度的概括力和一定的解释力(何兆熊，2005)，仍然有许多研究试图将之用于各种各样的目的(Kenneth Lindblom，2001)。Chia-Huan Ho 与 Karen Swan (2007) 认为，Grice 的合作原则可以用来评估非同步学习环境下的在线交谈。Grice 本人也相信这样的一个原则在其他的人际交往中同样起作用。Neil Murray (2010)在《语用学，意识提升及合作原则》这篇文章里写道：

随着时间的推移，学习者可以从以观察、描写和课堂讨论为基础的特殊言语行为的理解中，推断出支配合适的言语使用的特殊原则，同时，他们也能从一种演绎的方法中获益。该方法有助于对那些一般原理的理解。Grice 的合作原则就提供了一种有用的手段，通过它可以实施这样一种方法并且帮助学习者确保合适地使用语言。

Hassan Atifi、Sacha Mandelcwajg 与 Michel Marcoccia(2011)在

《合作原则和电脑操控的交谈:新闻小组讨论中的量准则》一文里,谈到了 Grice 量准则在网络小组讨论中的重要性。该文讨论了电脑操控的交谈(CMC)特征以及合作原则在 CMC 中的应用问题。

Michael Chiou 与 Huang Yan (2010)在《现代希腊语中的名词指代:部分新 Grice 语用方法》中提到,“尽管传统的对指代的生成语法的研究取向具有理论和实证的价值,但我们提出了用 Huang Yan (2000,2006,2007)发展的相关的新 Grice 语用学理论对现代希腊语的名词指代进行部分新 Grice 语用分析”。

以上这些都体现了 Grice 理论及其合作原则的重要性和广泛的应用价值。美国学者 Green M. Georgia(1989/1996)是力求拓展合作原则解释力的学者之一。她认为可以把合作原则重新界定如下:人们会根据自己的目标行事。换言之,合作原则及其准则可以涵盖更广的应用范围。对于言语交际和非言语交际来说,该原则及准则都同样适用。何自然、冉永平(2009)也指出,相互合作不仅限于说话人和听话人之间,为了达到共同的目的,做别的事情或进行其他方式的交际时,双方也应合作。

(一)在幽默、相声话语、笑话分析中的应用

在国内,Grice 的理论一部分被用来分析电影、电视剧、小品、广告、会话中的幽默,如刘艳杰(2013)的《〈老友记〉中的幽默语用分析》、郭立建(2011)的《冯小刚喜剧电影中经典对白的语用分析》、王丽娜和陈从耘(2013)的《谈合作原则在相声中的应用与违背》、杨光(2012)的《用关联理论和合作原则对比分析赵本山小品中的幽默》、张淑静(1998)的《幽默的语用分析》、郑璐瑶(2005)的《双关语·会话含义理论·广告效果》、刘思伽(2012)的《语用学视角下的广告语言研究——从合作原则和关联理论两个角度进行探析》等。Salvatore Attardo(1997)提到,尽管笑话违背了某准则,然而仍然被人们所理解。Raskin(1985)提到笑话牵涉一种不同的“交流模式”,并被一套不同的准则所制约。

(二)基于合作原则的新闻语篇分析研究

用 Grice 理论来分析新闻语篇的文献也不是很多,这其中具有代表性的是程宏(2012)的《中国新闻发言人语言策略研究》。该文以 Grice 的合作原则为理论依据,以从网络收集的新闻发言人答记者问的话语为语料,考察了新闻发言人答记者问所使用的语言策略。

陈珊(2011)在《运动员新闻发布会话语选择研究》一文中,运用 Grice 的合作原则和 Leech 的礼貌原则研究了郭晶晶、刘翔、姚明等人在体育赛事新闻发布会中回答记者提问的话语,从量和质准则的角度展开会话含义的推导,得到了这样的结论:运动员在回答问题时,既要基本遵守会话的合作原则,又会存在“有意违反”合作原则的现象,从而使他们在媒体面前保持较好的公众形象。

逯璐(2013)也探讨了“合作原则”在公众人物话语中的地位。文章通过分析前铁道部发言人王勇平在温州动车事故发布会上违反“合作原则”所造成的极具争议性的发言,阐明了在发言中对“合作原则”的遵循有助于公众人物在公众面前树立一个诚实、严谨、勇敢、富有同情心的良好形象,并进而促使公众人物及其所代表的机构在与公众的交流中更好地履行自己的社会职责。

四、媒介话语重要性的概述

总的来看,国外传播学界对媒介的研究成果颇丰。一部分学者把传播视为一种行为,而大部分学者把新闻作品看作一种话语来研究(林纲 ,2008)。近年来,国外学者对媒介话语的研究主要集中在媒介话语的重要性和从不同领域对新闻语言进行研究两方面。著名的有 Marshall Mcluhan(1995) 的 *Understanding Media* 和 James

Paul Gee(2005) 的 *An Introduction to Discourse Analysis, Theory and Method, Second Edition*,两者都从各自的研究侧面论述了媒介话语的重要性。

五、负面新闻的语言研究

国外学者从诸多角度对媒介话语展开了研究,但重点研究负面新闻语言的著作并不常见。研究新闻话语的文献有梵·迪克(2003)的《作为话语的新闻》。该书集中讨论了媒体中最重要的一种话语类型——报纸上的新闻。该书的另一研究视角是在新闻话语和认知之间建立联系。在新闻和大众媒体研究中,这种话语和认知结合的跨学科研究至关重要。该书指出,话语和新闻都是社会的产物,新闻话语也是意识形态的话语。

此外,还有两本非常好的介绍话语分析和媒体话语的导论性著作,即 Widdowson(2007)的 *Discourse Analysis*, Monika Bednarek 与 Helen Caple(2012)的 *News Discourse*。

Widdowson(2007)认为,话语主要指的是语言如何脱离社会文化的约束,被人们使用从而产生意义和进行交流。Monika Bednarek 与 Helen Caple(2012)从推论和多模态视角,将语言和图片结合起来来研究新闻。该书共分九章,探讨了新闻语篇的定义、交际和社会历史语境、新闻价值及分类、用图片的方式去建构新闻价值、新闻写作、图片新闻的功能,系统分析了由语言和图片建立起来的意义资源的框架;阐述了如何定量分析图片的各个方面,包括来源、故事设置、新闻类型、标题中有趣语言的使用、网络新闻中的活动图片等。总之,就如 Changpeng Huan(2013)所称赞的那样,该书是媒体话语分析方面一本非常好的导论性著作,受到了学界的高度赞扬。

第二章　研究方法和主要理论基础

第一节　研究方法和语料来源

本书立足于Grice合作原则和Leech礼貌原则等语用学理论，对负面新闻报道中官员、媒体和主持人（记者）应遵循的语用原则等问题进行研究。在语料选取上，笔者首先选取自然真实的话语材料，其次针对原始材料进行整理、分析、描述，并进而对相关的语用现象做出力所能及的解释。

一、研究方法

本书将采取归纳分析与逻辑演绎、定性研究与定量研究、实证研究及案例分析等研究方法，而且将采取描写和解释、多学科相结合的方法等进行综合性研究。本书采用的主要的研究方法有：

（一）演绎法

演绎法包括提出问题、做出假设、验证假设、得出结论四个阶段。该方法是认识"隐性"知识的方法。在本书的后几章中，笔者往往先提出问题，然后提出工作假设，再用演绎的方法解释语言现象，最后得到研究结论（从一般到个别）。

（二）归纳法

在本书的第三章——基于会话合作原则的新闻话语语用分析中，笔者在对"佛山式文明执法事件"进行语用分析的过程中采用了归

纳的方法，也就是从大量语言事实的基础上归纳出：会话合作原则就人们对一般话语进行语用分析具有直接的指导价值，但若用于一些特殊语境中的话语分析，其效能可能会受到一定的影响（从个别到一般）。

（三）定性分析和定量统计相结合的方法

人类语言学使用的基本上是人类学和社会学的定性研究方法（桂诗春、宁春岩，1997）。本书也不例外。本书通过对一些语料进行语用分析后发现：书中提出的新闻语用诸准则可以推而广之，并用于对负面新闻报道（或话语）的研究中。

（四）描写和解释相结合

本书的分析建立在对所涉及的负面新闻事件的全面观察和描写的基础上，同时归纳相关新闻事件所涉及的语境等诸因素，并通过提出新闻语用诸准则来探明事件背后更深层的原因。

（五）多学科综合研究

本书拟在前人基于传播学、新闻学等视角对负面新闻话语进行研究的基础上，从语用学这一新的视角对其展开多层次、多方位的综合研究。

（六）采用理论研究与实证研究相结合的方法

本书以案例研究——负面新闻事件中的官员话语为主要分析对象，将书中建立起来的理论观点延伸到新闻话语的分析过程中，以展示本书提出的新闻语用原则体系对负面新闻话语研究的价值。

二、语料来源

为了保证语料来源的效度和信度，本书在语料的选取上尽可能做到有一定的社会性、真实性和有效性，以便为理论层面上的探讨提供坚实的基础。

本书所选语料部分来源于电视、报纸等传统媒体，部分来自网络等新媒体。国际互联网不仅具有传统媒体的一般功能，而且因其是有别于传统媒体的新型媒体，所以具有其独特优势（雷跃捷、辛欣，2001）。本书选用网络新闻正是基于它的这些特点。传统媒体和新媒体的共同使用增加了语料来源的广泛性、普遍性和代表性。具体说明如下：

（一）发布这些语料的媒体包括

1.电视台

中央电视台：《今日说法》《24 小时》《新闻 1＋1》《新闻调查》《真相调查》《新闻直播间》；

地方电视台：佛山电视台、北京电视台等。

2.网站、微博

包括国内主要网站，如：网易、新浪、人民网、中国新闻网、凤凰网，以及北京市公安局官方微博@平安北京等。

3.传统纸媒

《京华时报》《新京报》《南京晨报》《燕赵都市报数字报》《今日早报》《温州商报》《潇湘晨报》《温州都市报》《现代金报》《都市快报》《新快报》等。

（二）具体语料包括

（1）环境污染事件：河北“红水”污染事件。

（2）如何对待华南虎的真假问题：陕西华南虎事件。

（3）暴力执法事件：佛山式文明执法事件。

（4）大型灾难事件：汶川大地震、江西决堤事件、2008 年发生在南方地区的雪冻灾害。

（5）涉及“领导干预”的司法案件：“退休检察官”举报自己——“我办了错案”案件。

(6)虚假新闻事件:“纸做的包子”事件、南京市民排队喝鹿血虚假新闻事件、温州商人林春平收购大西洋银行事件、京畿地沟油黑色产业链事件、《新快报》记者陈某某连续发表针对中联重科的大量失实报道事件、21世纪报系新闻敲诈案、“第47号公告”事件、碰瓷男惨遭女司机径直碾轧事件、斯诺登爆料美国登月造假事件、2003年各媒体对我国“非典”前期的不实报道问题、老外扶摔倒中年女子疑遭讹事件。

(7)有偿新闻事件:《新快报》记者陈某某连续发表针对中联重科的大量失实报道事件。

(8)连续负面新闻报道事件:21世纪报系新闻敲诈案。

在对以上来自传统媒体和现代新媒体的语料中的诸多话语现象进行了初步的观察和归纳以后,本书选取了中央电视台新闻类节目,包括《今日说法》《24小时》《新闻1+1》《新闻调查》《真相调查》中所涉及的相关案例作为重点分析对象。

选择来自央视报道的语料是考虑到以下几个方面的因素:

(1)语料的真实性。这些央视新闻节目每期针对一个热点、焦点案例,在经过大量的前期采编工作后,或梳理,或揭露,或调查,或点评,体现了个人对某一事件真实的看法。

(2)语料的完整性。从总体上说,央视节目编排完整,从话题的引入、记者相关采访的报道到主持人的评论、嘉宾的讨论,到最后主持人对事件的总结,都是经过事先精心策划、现场严密组织、多方相互配合而完成的,中间话语的转换自然平稳,衔接得当,使得话题的完整性得到保证。

(3)语料的代表性和权威性。本书所举实例均为官方和媒体及大众关注的热点、焦点问题,牵涉诸多方面的利益。节目所邀请的嘉宾均为相关领域的专家或重要人士,以及媒体评论员等,有时还会有群众代表。他们对所谈话题从专业的角度为我们解读事件的来龙去脉、背后的原因，以及各方人士所应汲取的经验教训，从而发挥了媒体传声筒的作用，并为社会的和谐健康发展起到了一定作用。

(4)语料的可参照性。因为所举实例一般都在地方电视台甚至央视做过类似节目，几个节目可以互为参照，从而增加了调查结论的可信度。

第二节　主要理论基础:会话含义理论

本书拟立足于 Grice 合作原则等语用学理论，全面深入地探讨负面新闻报道现象。

语用学首先关注的是人类语言的使用，而不是其中所涉及的语言及认知过程。语用学研究的一个核心问题是：面对可做多种理解的话语，受话人如何通过语言信息而最终确定其真正含意。Levinson(1983)认为，语用学中一个重要的概念是会话含义。本书在对负面新闻话语现象进行阐释的时候，主要就是以会话含义理论为依据。

会话含义理论及相关的原则——合作原则是当前国际语言学界普遍认同的重要的语用学理论。合作原则内容丰富、体系完备、解释力较强、影响深远且比较复杂。此处主要介绍与本研究相关并能为本研究提供理论支撑的内容，具体包括会话含义理论及合作原则等核心语用学思想。

一、Grice 的合作原则

(一)会话合作原则

会话合作原则是美国语言学家和哲学家 Grice 提出的一套日常

交际应当遵守的理想标准。Grice(1975)认为,交谈是一种合作的行为,同时会话是受一定条件制约的。合作原则包括以下四条准则:

(1)质准则(quality maxim):它关注的是话语或信息的真实性,要求说话人不要说自己认为是不真实的话,同时也不说缺乏足够证据的话。

(2)量准则(quantity maxim):它关注的是话语的信息量,要求说话人说得不多也不少。

(3)相关准则(relation maxim):话语要有关联。

(4)方式准则(manner maxim):它关注的是所提供的话语或信息是否清楚、明白。它包含四个次准则:避免晦涩的词语,避免歧义,说话要简要,说话要有条理。

Grice 提到的合作原则的四条准则并不都有着相同的地位。在这几条准则中,质准则的地位更为重要。Grice (1967)认为,遵守某些准则并不像遵守质准则那么迫切,通常情况下,一个讲话过度啰唆的人和一个讲了假话的人相比,易受到更为温和的批评,其他的准则只有在质准则被满足的情况下才能生效。

质准则因此有特殊的地位(Neale,1992),标志着贡献和非贡献的区别:虚假信息不是差一点的信息,它本身就不是信息。Rakefet Dilmon(2009)也引述到:Grice 声称,通常说话人应该遵守这些准则以便他们的话语符合逻辑,并能被人理解。他强调遵守质准则是确保其他准则执行的一个基本的前提条件。

在日常交际中,质准则被人们视为最重要的一条准则(冉永平,2006),违背质准则往往与撒谎、说话人的道德联系在一起 (Gillian Michell, 1984)。撒谎的人希望别人认为他是遵守合作原则及其准则的,但实际上他没有。

合作原则面世多年来,受到各国语言学家的普遍关注,褒贬不一。有一些学者对合作原则进行了评论，还有学者对它进行了修订，发展成了新 Grice 理论，此外还有一些学者围绕对此原则的理解展开分析。

(二)对合作原则的评价及该理论的发展

1.对合作原则的评价

合作原则一经提出就在学术界引起了诸多注意。方宗祥(2004)指出，围绕合作原则的普遍性、实用性和解释力，一大批学者对此展开了激烈的争论。

Grice 的合作原则的理论受到其他的语言学家和会话理论学家(Horn，1998；Mey，2001；Sperber1995)的关注。Leech(1983)也认为合作原则具有局限性。为了弥补合作原则在分析话语间接性上的不足，Leech 提出了礼貌原则。尽管礼貌原则并非合作原则的又一次准则，但它有效地弥补了合作原则之不足，提升了对言语交际中语用语言现象、社交语用现象的解释力。

Jaszczolt(2002)认为，会话含义理论不能解释人们之所以要在交际过程中违背合作原则中的某些准则的原因，与此同时，合作原则及其准则也无法涵盖话语策略。在此情况下，我们需要寻求其他办法，以更加合理地诠释交际中的语言使用。这样，礼貌现象、礼貌策略自然成了与语言使用、语言理解联系密切的因素。Lakoff(1973)，Brown 与 Levinson(1978/1987)，Leech(1983)等对礼貌观、面子观、礼貌原则等进行了富有建树的讨论，为解释话语礼貌现象奠定了坚实的基础。

雷永强(2001)认为，合作原则是由语言学家从微观方面分析语言而来的，因此有其天生的缺陷，其表现为：会话含义具有不确定性。

Bunina 与 Timoshenko (2006)认为，合作原则本质上是谈话参与者为了创造连贯和效率最高的谈话而合作产生的一种一致关系。

Horn(1998)持这样的观点,即 Grice 和其他学者建立的理论很可能具有普遍意义,但是它们的相对强势,可能会在一个特定语境中随不同的语言和文化而变化。

尽管一些学者对合作原则有诸多批评,但更多学者对此原则还是持肯定的态度,并积极提升它的解释力和拓展它的应用范围。何兆熊(2005)指出,Grice 的合作原则所具有的哲学渊源,使它具有高度的概括力和一定的解释力。

美国学者 Green M. Georgia(1989/1996)是力求拓展合作原则的解释力的学者之一。她认为合作原则具有普遍的应用性。Marta Dynel(2010)认为 Grice 的交际模式不仅涉及一个说话人和听话人,还可扩大为多个听话人。

Thomas(2009)提醒我们:尽管 Grice 的著作可能在许多方面存在问题,也常常受到误解,但它依然是语用学发展过程中最有影响力的理论之一。

本书认为,毫无疑问,合作原则具有强大的解释力,但在一些特殊的语境下,比如负面新闻话语的解释中,可能要适当做些调整,以适应这种特殊情况。

2.合作原则的发展

合作原则自从问世以来,同样引起了语用学理论的革命,除了有相当多的评论外,还引发了大量的重释、修改和重构。Huang Yan (2006)认为 Grice 理论可以用三个词解释:rationality、intention、co-operation。围绕对这三个词的理解,一大批学者对此展开研究。

Kasher(1998)指出,会话准则源于理性原则而非含糊不清的合作原则,主张用理性原则取代合作原则,认为理性原则比合作原则更具解释力。姚晓东(2012)通过对比分析后发现,理性是会话理论的应有之义,这种取代不必要。二者的概念侧重不同,Kasher 的修订注意到会话理论的工具理性而忽视了合作背后的论证理性,但它却引发了语用研究对合作背后思想的挖掘,对合作原则是一种间接的拯救。

Bethan Davies(2000)谈到人们对合作原则的理解有误。人们似乎把 Grice 所使用的 cooperative 这个词的技术概念和 cooperation 这个词位的一般意义联系到一起。误解产生的一部分原因来自合作原则从哲学到语言学的重置。可见有必要在仔细研读合作原则并深入解读其含义的基础上明确这样一点:在 Grice 的思想中,“合作”的概念只是附带的,其反复强调的议题应是句子意义和说话者意义的区别。Sonja Kleinke(2010)认为现行的语用学研究和认知分析同样有助于对 Grice 思想的理解。

Hans J. Ladegaard(2009)对 Grice 的“合作”提出了质疑。他认为只有在考虑到语言产生的社会和心理条件的情况下,语言的“意义”才有价值;而对“合作”概念的分析必须基于人们究竟要通过交流达到什么样的目的。

Huang Yan(2006)认为,合作原则理论中,三个词最为重要——rationality(理性)、intention(意图)和 cooperation(合作)。rationality,即人们无非倾向于以最小的代价获得最大的成功;intention,在交际中,要解剖说话者的意图是什么;cooperation,此合作不是具体意义上的合作,而是抽象的概念。

还有一些学者对合作原则进行了重构、简化。在所有的简化模式中,最有影响力的是 Horn(1998)的会话含义二原则和 Levinson(1991)的会话含义三原则。

二、会话含义理论

会话含义理论(the theory of conversational implicature)是语用学的一个重要研究领域,其创始人是美国哲学家 Grice。这个理论的中心内容是他 1967 年在哈佛大学 The William James Lectures（威廉·詹姆斯讲座）中阐述的。目前该理论已经成为具有广泛解释力的语用学理论。

通俗地说，会话含义就是说话者的“言外之意”。以说话人为出发点，提出意向性交际，设想说话时，人们遵守合作原则，并设想在违反该原则的情况下，听话人要推导出会话含义。

Grice 的理论在语言学界引起了强烈的反响。Levinson（1983）和 Leech（1983）分别在其著作《语用学》及《语用学原则》中，将 Grice 提出的会话含义理论看成语用学的一个重要的组成部分。Huang Yan（2007）也在其新著《语用学》中称：Grice 的古典会话理论自从问世以来，就引起了语用学理论的革命，迄今为止，仍然是语用学和语言哲学的核心之一。何兆熊（2005）认为，正因为 Grice（1989）的会话含义理论，以及 Austin（1962）和 Searle（1969）等学者的言语行为理论，才使得语用学从符号学中的一个概念发展成为一门独立的语言学科。

自 20 世纪 60 年代以来，会话含义理论研究的发展经历了两个阶段。从 60 年代到 80 年代中期为第一阶段——“古典 Grice 会话含义理论”发展阶段。这一阶段主要研究由于违反 Grice 会话合作原则的四条准则而产生的“特殊含义”。第二阶段从 1987 年 Levinson 发表《语用学与前指代的规则》一文开始至今，Levinson 对 Grice 各准则做出了“有点新古典意味”的阐释，因而人们称之为“新 Grice 会话含义理论”，也称之为“新 Grice 理论”。

三、新 Grice 理论及其他

基于对 Grice（1975）合作原则的批判性审视，怀着推进合作原则发展的目的，Levinson（1991）认为对会话含义的理解和推导可以简化为三原则，即数量原则、信息原则和方式原则。Levinson 把上述三个原则都分成“发话人准则”(speaker's maxim)和“受话人准则”(recipient's maxim)两个部分来论述。

(一)数量原则

Levinson(1991)从以下两个角度来界定数量原则:

(1)发话人准则:不要让你的陈述在信息上弱于你所知道的程度,除非你的陈述与信息原则互相抵触。

(2)受话人准则:相信发话人的陈述已是就他所知信息而做出的最有把握的陈述。

有两个概念往往与数量原则一起出现,那就是 Levinson 经常谈论的“等级数量含义”(scale quantity implicature)和“小句数量含义”(clausal quantity implicature)。如果发话人使用了某个较弱的表达式,而没有使用另一个语义上较强的表达式,那么受话人就可以推断出自己不能对发话人的语义做出语义较强的理解。简单地说:分句数量含义就是“说弱不说强”,信息表达尽可能保守。例如:

a.I believe Tom is away.

b.I know Tom is away.

在这里,发话人选择了语义较弱的:“c believes d”,而没有说出语义较强的“c knows d”。这表明发话人的话语态度。例 a 的确定程度弱于 b,发话人选择 a 可以比选择 b 传递更为隐含的话语含义——有可能 Tom 没有走。

(二)信息原则

Levinson(1991)也是从以下两个角度来界定信息原则的:

(1)发话人准则:最小化准则。尽量少说话,只需提供实现交际目的所需要的最少的语言信息(同时遵循数量原则)。

(2)受话人准则:充实规则。扩展发话人所说话的信息内容,找出特定的理解,直到确认这就是发话人的发话意图。

(三)方式原则

以下是 Levinson(1991)对方式原则的界定:

(1)发话人准则:不要无故使用冗长的、晦涩的或有标记的表达式。

(2)受话人准则:如果发话人使用了冗长的或有标记的表达式,则该意义不同于他本来可以用无标记的表达式所表示的意义。

Levinson 还规定这三个原则的运用要有次序:数量原则先于方式原则先于信息原则(Q >M> I)(Levinson,1991)。

比较而言,张德岁(2009)指出,Levinson 的三原则除了注重常规关系在会话含意推导过程中的作用外,更注重一般会话含意的推导。

本章的主要结论

本章阐明了本书的理论依据,也介绍了本书的语料选择情况,交代了本书的研究方法,包括演绎法、归纳法、定性研究和定量研究相结合、描写和解释相结合、多学科综合研究等方法。此外,由于本书是立足于宏观语用学视角研究负面新闻报道,所以重点介绍与新闻话语阐释相关的语用学理论和原则,如会话含义理论及新 Grice 理论等,目的是为分析负面新闻话语提供理论依据。

第三章　基于会话合作原则的新闻话语语用分析

第一节　概述

本章尝试运用会话合作原则，以“佛山式文明执法事件”为例，就新闻话语展开语用分析。首先，笔者将对该事件进行简单的梳理和扼要的回顾；其次对合作原则的质准则与新闻报道的真实性进行必要的概述；然后集中展开对该事件中执法方在媒体见面会上所说话语的语用分析；最后，笔者针对执法方是否在说谎、怎样说谎、为什么要说谎等问题进行了初步的研究，对新闻报道内容的取舍问题也进行了一定程度的讨论。

本研究表明，Grice 的会话合作原则大致适合新闻话语的分析；但与此同时，笔者也注意到，若将其合作原则直接用于一些特殊类型的新闻话语，如负面新闻中官员的话语、新闻报道中的新闻话语等，该理论还有力所不逮之处。有鉴于此，有必要通过进一步构建新的语用准则或原则来拓展原有的合作原则，以便为研究负面新闻报道提供一个新的学术视点。

一、合作原则与新闻制作

在新闻事件中，当事双方为了各自的目的，在回应媒体质疑时，会出现一些违反合作原则及其准则的情况。这些都说明，在运用具有普遍意义的合作原则的过程中，针对特殊的新闻话语类型，我们必

须把普遍性和特殊性结合起来，既可以保留其合理成分，又可以关照到可能面临的各种特殊情况。

二、会话合作原则的质准则及其重要性

不管是报道正面新闻还是负面新闻，媒体都应该遵守一些原则。例如，标题制作中涉及的新奇原则，媒体采访时应注意的会话合作原则、礼貌原则等，这些本质上都是语用原则的一部分。由于本书讨论的主要是负面新闻报道的语用问题，所以重点关注合作原则，其他的原则在此就不再涉及。

Grice 的合作原则是最基本、普遍的语用原则。该原则可以重新阐释为三个原则或两个原则，甚至一个原则，但是有一条是不能变的，即质准则不能被取消掉（Huang Yan，2007）。

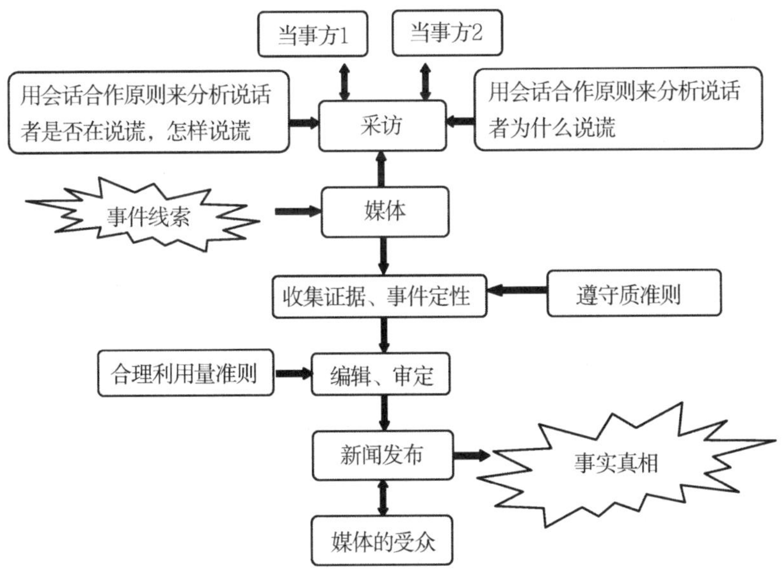

图 3-1　媒体事件采编、发布的流程图

图 3-1 为媒体事件采编、发布的流程图，其中的每个环节中都应

遵守合作原则。

三、新闻报道和传播的真实性原则

新闻真实的实质是坚持唯物论的反映论，坚持以事实为依据。新闻传播的真实性，指新闻报道与所反映的客观现实的相符程度（童兵，2011）。

汤红梅、李大勤（2015）认为，不仅媒体需要遵守新闻报道和传播的真实性原则，政府官员在发布信息时，也应客观地反映事件发生的经过，不能发布虚假信息。

笔者认为，坚持新闻报道和传播的真实性原则，若从语用的角度来看，也即遵守合作原则的质准则，两者互为统一。

第二节　新闻事件“佛山式文明执法事件”回顾

一、事件分析

对于该事件的真相有两种截然不同的说法。对于媒体来说，通过调查，还原事件真相是媒体人的责任，新闻报道要遵守会话合作原则的质准则，又是新闻媒体应尽的义务。

佛山市交通执法部门于 2013 年 3 月 21 日召开媒体见面会，否认暴力执法问题，并称整个执法过程完全是“文明执法”。

央视在报道此事时，解说员用了一句名言，“天网恢恢，疏而不漏”，反映了媒体的态度，谁在撒谎？此时安装在货车车头的监控还原了事情真相。

此事件最终被定义为暴力执法事件。各大媒体对该事件的跟踪报道见表 3-1。

表 3-1　各大媒体对该事件的报道

日期	2013 年 3 月 21 日晚上	2013 年 3 月 22 日	2013 年 3 月 23 日至 24 日	2013 年 3 月 25 日中午	2013 年 3 月 26 日	2013 年 3 月 26 日至 27 日
网站	佛山电视台《小强热线》	中国新闻网	各大网站	央视《今日说法》	中国新闻网	各大网站
报道内容	一环路上，执法人员暴打司机？	广东佛山警员暴力执法属实，官方道歉	转载中国新闻网	做了跟进报道：佛山货车司机被打事件调查，事件继续发酵，引起各方的关注	三名发布虚假信息的官员被佛山市纪律检查部门处理	转载中国新闻网

图 3-2 呈现出了构成事件主要过程的四个阶段：

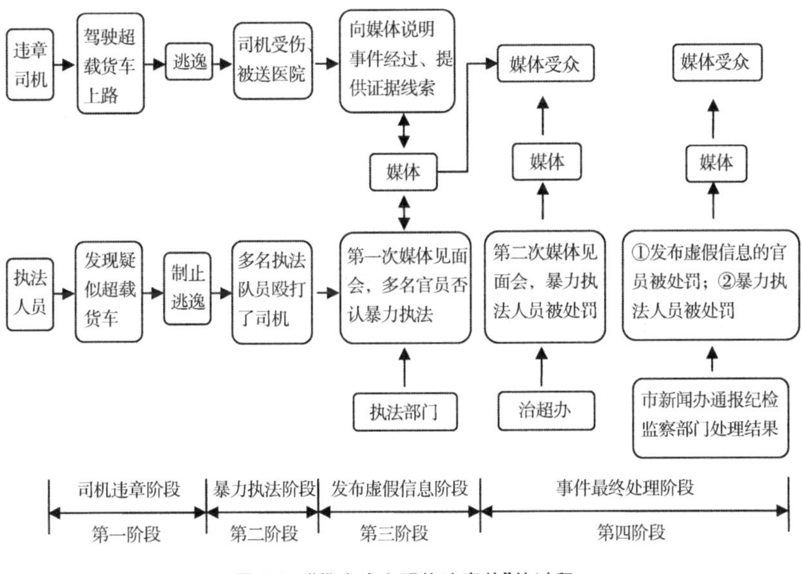

图 3-2　“佛山式文明执法事件”的过程

二、事件进程

事件性质的演变过程如图 3-3 所示：

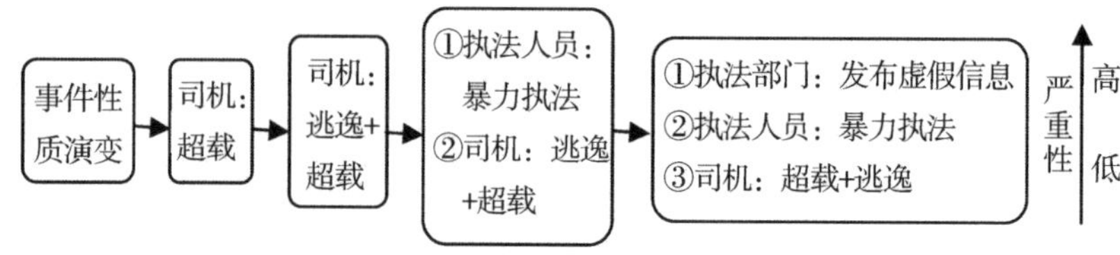

图 3-3 事件性质的演变

此事件可以分为以下四个阶段：

(1)涉事司机的违章、逃逸阶段——事件的起因阶段。

此事件的起因是岑司机驾驶的大货车涉嫌超载，在被公路执法人员发现后，怕被罚款，又驾车逃逸。

(2)执法人员暴力执法阶段——事件的发展阶段。

由于肇事车辆是重载大货车，司机在驾驶它逃逸时，可能对执法的小车造成伤害，这也是执法人员殴打司机的直接原因。虽然，执法人员殴打司机是事出有因，但作为执法者，在任何时候都不应该殴打司机。司机超载，执法人员可以采取扣车、罚款、计分、卸货的方法进行处理；司机逃逸，可以根据情节的严重程度，采取拘留、扣车、罚款、计分等手段来加以处置。如果执法人员当时能够控制住自己的情绪，就不会发生这起暴力执法的事件。

(3)执法部门召开媒体见面会，发布虚假信息阶段——事件的高潮阶段。

被打受伤的司机被送进医院后，向媒体揭发了执法人员暴力执法的问题，并引起了社会的广泛关注。为了平息该事件，相关执法部门召开了媒体见面会，但在会上坚决否认暴力执法的问题，称自己是文明执法。双方各执一词，事情的真相到底如何？媒体经过努力，终于发现了记录该事件的行车记录仪的视频资料。视频显示，执法人员确实存在暴力执法问题。而在其后举行的媒体见面会上，执法部门又否认暴力执法，发布了虚假信息，使政府的公信力再次受到了损害。

(4)事件的最终处理阶段。

对发布虚假信息的官员做了行政处理，对殴打司机的执法人员予以拘留。

三、研究内容

在本书分析的“佛山式文明执法事件”中，媒体与当事双方之间就有了共同话语需求，媒体可以作为第三方介入事件的调查。而在调查中，媒体就会与事件的双方产生话语，这就必然会出现与语用相关的问题(汤红梅、李大勤，2015)。本章下一节将借助合作原则，尝试分析该事件各个阶段中的当事双方的话语，尤其是执法一方在第一次媒体见面会上的话语。我们会发现，当事双方违背的准则不是一个，而是多个，涉及质、量、方式和相关准则，只是程度有差别而已，但是对质准则的违背则是最典型的，也是最为根本的。

第三节　“佛山式文明执法事件”中官员话语的语用分析

第一次媒体见面会是此事件的高潮阶段，在暴力执法事件发生后，媒体做了相关调查。为了澄清事实，佛山市相关部门紧急召开了媒体见面会。参加见面会的有佛山市交通运输局综合行政执法局第二大队副大队长岑某某、综合行政执法局局长张某、综合行政执法大队和交警部门的负责人吴某(即吴队长)。在媒体见面会上，对于记者提出的执法机关是否涉嫌暴力执法的问题，参与执法的相关部门的官员均予以否认，而“文明执法”始终是他们强调的重点，他们显然说了谎。

当事双方在事件的不同阶段都存在说谎或隐瞒事实真相的问

题。若从语用的角度加以考虑，官员在媒体见面会上的话语是否违背质准则、量准则、相关准则和方式准则呢？又是怎样违反的呢？他们为什么会违反这些原则呢？他们想掩饰什么？这些都值得我们探讨。

一、第一次媒体见面会中官员话语的语用分析

由于佛山市交通运输局岑队长参与了当天的执法，故媒体见面会一开始，他首先阐述了事件的起因及当时的情况。

（一）岑队长话语的语用分析

1.岑队长的话语

以下语料来自 2013 年 3 月 25 日央视《今日说法》的《佛山货车司机被打事件调查》（有调整）：

S_1 事后调查也证实，岑司机驾驶的货车的确超载了，并且，超载多达 24 吨，超载率高达 60%，目前车辆已被扣押。根据《公路法》以及有关规定，车主将会面临 3 万元以下的罚款。

S_2 那天下午在发现岑司机的车后，执法者凭经验，怀疑这辆车超载了，便示意岑司机靠边停车接受检查，但对方并没有减速，继续保持每小时 70 千米的速度行驶，这引起了我们的警觉。

S_3 他（司机）靠右（停车）之后，马上锁车，准备冲向第四、三、二车道，向对面道路跑过去。

S_4 看到司机下车后想逃跑，出于安全起见，我们当时第一反应就是必须将对方拦截住。

S_5 我们的特警抓住他，为了他的安全；抓到他之后，就一只手拉住他，在车头这边。

S_6 全部的执法人员，在执法的过程中都非常文明，没有对司机采取过暴力。

S_7 文明执法，完全文明执法，只是控制他不让他逃跑。

S_8 没有，我可以担保绝对没有（针对是否有暴力执法的问题）。

S_9 我们遇到很多暴力、野蛮的司机。

S_{10} 不仅我们没有殴打司机。

S_{11} 相反地，在以往的执法过程中，我们还经常遭遇尴尬。

S_{12} 真是多谢你们（记者），因为我是现场执法（人员），我们遇到很多暴力的司机，好野蛮的。

2.语用分析

S_1 在叙述司机的违法超载现象时，叙述的事实清楚且专业，符合合作原则的方式准则。

S_2 违反了会话合作原则的量准则——应使自己所说的话达到（交谈的现时目的）所要求的详尽程度。因为，驾车逃逸是引起暴力执法的直接原因，那岑队长为什么没有强调对自己有利的事实呢（汤红梅、李大勤，2015）？因为如果他这样做了，就可能间接地承认暴力执法的可能性；为了避免出现这种情况，岑队长没有对此情况做过多描述。

S_3 、S_4 、S_5 明显违反质准则。岑队长仅凭猜测就断定司机有逃逸的行为，进而说是为了司机的人身安全，特警才将他控制（汤红梅、李大勤，2015）。同时，他强调“控制司机”是为了司机安全则完全是一种托词。

S_6 完全否认暴力执法，违反了质准则的规定。岑队长目睹了执法人员对司机的殴打过程，而他却声称是“文明执法”，这就显得既苍白又不真实（汤红梅、李大勤，2015）。而其目的很明显，就是想掩盖暴力执法的事实。

S_7 两次违反了质准则。其一，岑队长没有说真话，自然违反了质准则；其二，岑队长把“暴力执法”说成是“文明执法”，其目的是隐瞒暴力执法的事实，进而违背了质准则；其三，岑队长把想象的东西当成了事实，同样违反了质准则。

S_8、S_{10}涉嫌说谎，因为其所述话语与在现场看到的内容不符，同样违背了质准则。

（二）吴队长和张局长话语的语用分析

1.吴队长的话语

以下语料来自 2013 年 3 月 25 日央视《今日说法》的《佛山货车司机被打事件调查》（有调整）：

记者（未署名）：据当事人所说的是，有执法人员对事主有踢过几脚这样的现象。

又一记者：踢了他的腰有没有这种事？

S_{13}没有。

S_{15}发生这个问题之后，我们当时就询问了我们现场执法民警，据我们看来我们是按照法律法规的方式，去严格按照这个方式来执法的，没有发生不文明的情况，就我们交警这块。

S_{16}这个绝对不会（指打人）。

S_{17}我们是按照法律法规的方式来执法的，没有发生不文明的情况。

2.张局长的话语

以下语料来自 2013 年 3 月 25 日央视《今日说法》的《佛山货车司机被打事件调查》：

S_{14}说句老实话，当事人现在肯定是以这个为借口，因为我们抓到之后，肯定会严格执法，卸货罚款，他知道。

S_{18}其实呢，按照我们今天跟交警、特警的领导了解，他们都询问过他们自己的人，在现场呢，互相可以做证，因为现场不止他一个交通执法人员。

S_{19} 那肯定是以这个为借口，大家都有手机，一环上有那么多视频监控，有什么理由还敢动手打人。现在到处都是监控摄像头，哪个执法人员会为了一时之气真的去打人，分分钟会被革职的，大家都清楚这个事情，没理由动手打人。

3.语用分析

S_{15}、S_{16}、S_{17} 显示，事件发生后，吴队长对事件做了一定的调查，但他调查的对象仅是自己一方的当事人，调查结果的可信度是值得怀疑的。尤其值得质疑的一点是：为什么没有调取监控视频？可见，吴队长是在能调查清楚而没有调查清楚的情况下，说了没有事实根据的话。他们没有调取离案发地仅 20 米的高速路监控视频，在这样的情况下，他就敢于确认执法人员没有发生不文明行为，这自然是极不负责的。换言之，他是在能够调查清楚却没有这样做的情况下，得到了缺乏根据的错误结论（汤红梅、李大勤，2015）。这一点，若从语用的角度来分析，自然是对质准则的背离。

张局长的答语 S_{14} 则明显地违背了合作原则中的相关准则和方式准则。记者问是否打了人，而张局长却给出他自己的主观评价及原因："说句老实话，当事人现在肯定是以这个为借口，因为我们抓到之后，肯定会严格执法，卸货罚款，他知道。"他讲话故意弯弯绕绕，故意把话题扯得很远，他的回答一直在刻意回避记者的问题焦点所在，即"是否打人"；更有甚之，他所提供的信息与对方的话语之间缺少联系，也即我们通常说的"无关信息"；另外，他还用"借口"这两个字来描述他对当事人的不屑态度，用"肯定会严格执法"来强调执法人员对工作尽职尽责的态度。由此可见，这位局长的谈话在总体上违背了相关准则，其交际意图就是想把公众的视线转移到当事司机的过错上来。

凡是一个人要掩饰某一事情的时候，可能在说话方式方面有所体现。张局长的回答就是如此。他故意多说，扯出一些无关紧要的联系或无关紧要的事情，致使在违反相关准则的同时，也违背了方式准则和量准则。张局长故意多提供了一些与记者的问题不相干的话题，这样使人们抓不住究竟哪些是真的，哪些是假的，从而最终也违背了合作原则的质准则。

S_{18}、S_{19}表明：张局长的结论很主观，他是根据推理得到正常情况是不会出现打人现象这一结论。然而，在本次事件中，由于存在货车司机驾车逃逸危害执法人员生命的情况，出现了执法人员没有能控制住自己的情绪并最终打人的暴力执法现象。张局长说了没有事实根据的话，违反了质准则。比较一下吴队长和张局长对同一问题的回答，我们就可以看出，吴队长是通过少提供信息来避重就轻，张局长是通过故意多提供无关的信息顾左右而言他，目的都是在公众面前有意说谎，否认打人。他们说谎的方式不同，但其交际意图却是一致的。

4.对“没有”这一答语的语用分析

(1)“没有”是违背量准则的话语。

Grice 的量准则关注的是话语的信息量。吴队长的回答很显然违背了量准则，因为他提供了过少的信息。召开媒体见面会的目的大家都很明确，就是执法人员要向公众很主动地提供足够的信息，要清楚地讲明到底有无暴力执法的情况，有无殴打司机的情况，有无踢人的问题，吴队长应尽可能准确地回答，并交代执法人员如果真没有打人的话，他们和司机之间到底是怎样的接触方式。公众希望得到更多的细节，而吴队长却没有给出足够的信息量。对记者的提问，他只用简单的“没有”两个字一笔带过，显然背离了合作原则的量准则，其交际意图明显是希望公众知道得越少越好。

(2)“没有”是对质准则的违反。

由于吴队长提供了过少的信息，不足以证明执法人员没有打人，他提供的证据都是己方队员提供的证言，在违反量准则的同时也可能违反了质准则，因为违反了质准则有时是通过违反量准则传达出来的。由于量和质是连着的，提供的信息过少使公众对他说的话的真实性也产生了怀疑，表明他很可能在说谎。

综上所述，吴队长的话最主要的是违反了量准则，从而引起了质的变化。质是重中之重。一切都是在质的基础上才能说量多量少。Grice 强调质准则不得违反，如有违反，就是说谎，进而导致一种道德上的冒犯。作为执法者之一的吴队长很显然违反了质准则，说了谎。说话者违背这些会话准则，可能是故意的，也可能不是故意的。如果是故意的，那么在违背的背后会隐藏一些特殊的目的。吴队长对量准则的违反可以理解为：他了解的信息只能用“没有”两字简单地回答，或是他知道更多的情况，但由于自己是执法人员的角色，不便向公众透露真实的情况，所以他选择违反量准则。在执法人员是否暴力执法的问题上，媒体有权了解整个事实真相。吴队长既然代表执法一方召开媒体见面会，他就有责任和义务公布尽可能多的证据，而不是用“没有”两个字来概括整个事件，这无疑剥夺了媒体及公众对事件的知情权。同时，暴力执法已经在社会上造成了一定的不良影响，而打了人还拒不承认，不仅仅是一种道德上的冒犯，也损坏了政府的形象及公信力。

事件的转折：通过努力，媒体拿到了行车记录仪的视频，证明执法人员存在暴力执法的现象。2013 年 3 月 22 日的下午，佛山市的相关部门，又组织了第二次媒体见面会，通报处理情况。

二、第二次媒体见面会中官员话语的语用分析

骆主任出席了第二次媒体见面会，以下对其在媒体见面会上所说的话展开语用分析。

（一）骆主任的话

以下语料来自 2013 年 3 月 25 日央视《今日说法》的《佛山货车司机被打事件调查》（有调整）：

S_{20}我们为了制止这个司机逃逸，这个过程中双方发生了肢体冲突，其中就发生了我们个别执法人员对我们的司机进行踢打的违规现象，也造成了司机的一个软组织的挫伤，这个也是经过医院诊断的。

S_{21}因为时间比较仓促，治超办没有在完全调查清楚的情况下就匆忙应对媒体，造成了不好的社会影响。

S_{22}我代表佛山市治超办向社会各界表示道歉并且改正。

（二）语用分析

“肢体冲突”就是不分责任的，不说执法者打被执法者，说肢体冲突，肢体冲突表明双方都有责任，或者都不必负责任。在“执法人员对我们的司机”中，一个“我们的司机”说得冠冕堂皇的，还貌似站在司机的立场上。还有“违规现象”，这里不说违法，而说“违规”，打人是违法的，不是违规，可见是避重就轻。“也造成了司机的一个软组织的挫伤”，“挫伤”，换句话说，打人并不必然导致受伤，挫伤可能是别的原因导致的，或至少是别的因素跟“打”的因素综合作用导致的。“这个也是经过医院诊断的”，“经过诊断”，但诊断的具体结果没说。至此，我们看到，骆主任的话几乎全都违背了方式准则：用词不当，说话含混，歧义不断……

众所周知，对于公共事件，公众需要的是确切的消息，包括对事件的确切的描述。但是，骆主任却以“因为时间比较仓促，治超办没有在完全调查清楚的情况下就匆忙应对媒体”为说辞。他这种把责任推给时间、推给工作不到位的做法，完全不是官方发言人应有的态度。诸如此类的官方话语，没有任何有价值的信息，严重违反量准则。

通过对骆主任话语的分析，我们可以发现骆主任把“打人”事件的出现归咎于司机的逃逸。

三、本部分小结

官员在正式场合是代表着政府的。当官员在媒体见面会上当众说谎时，必然会对政府的公信力造成很大的伤害。有的时候，官员为了掩盖一个谎言，就需要编更多的谎言来弥补。他们面对媒体所说的包括谎话在内的话语，若从语用的角度来加以分析，有时是违反合作原则中的某一准则，有时候背离的则是两个或两个以上的准则，而无论背离了多少准则，其最终的交际意图都是为了规避责任。

第四节　涉事司机话语的语用分析

为了更好地把握“佛山式文明执法事件”的本质，笔者认为也有必要对涉事司机的话语进行尽可能深入细致的语用分析，力求从另一角度来透视事件的内在形成机制，吸取相关的经验教训。

“涉事司机话语”来源于 2013 年 3 月 21 日佛山电视台《小强热线》一篇题为《一环路上，执法人员暴打司机？》的报道，以及 2013 年 3 月 25 日央视《今日说法》的《佛山货车司机被打事件调查》。而这些报道中，既有岑司机的话语，也有记者的转述。从中我们可以推导出究竟是谁对了、谁错了、谁合理、谁不合理、为什么会产生各种矛盾等结论。另外，我们也会发现，该事件中有很多矛盾，其实也都是由话语纠纷引发的。

一、岑司机有关“超载”话语的语用分析

(一)事件真相

事后调查证实,岑司机驾驶的大货车允许载重 20 吨,实际载重 40 余吨。这种严重超载,如果被查到,将面临卸货罚款的处罚。当面对记者的调查时,他虽没否认超载这一事实,但与其多次有意转移话题并强调被打过程相比,对其超载行为的叙述明显不够。司机这样做,尤其是司机所说的话或司机所做出的表述是否违背质准则、量准则、相关准则和方式准则呢?如果是,那么又是怎样违反的呢?最后,他为什么会违反这些原则?诸如此类问题,都值得我们做进一步的探讨。

(二)岑司机的相关话语

S_1(记者转述)承认他确实超载了;S_2(岑司机)即便是自己有错,执法部门可以处罚他,也不能打人;S_3(岑司机)那些人既没有出示工作证,也没有要求把车称重,甚至话都没说一句,就动起手来;S_4'(记者转述)他的第一反应是,S_4(岑司机)这伙人有可能是冒充的;S_5(记者转述)他拉的货物是满满一车铝锭,价值过百万元;S_6(记者转述)直到救护车来了,那些穿制服的人仍在现场,他才意识到,他们有可能不是假的。[①]

(三)涉事司机话语的语用分析

S_1显示岑司机在回答被打的原因时是承认超载的,但他没有承认自己属于严重超载。这样做虽然没有违背质准则,却违背了量准则。这是因为:S_1只提供了少量事实,既没有说明司机是否知道自己

①语料来自 2013 年 3 月 25 日央视《今日说法》的《佛山货车司机被打事件调查》(有调整)。

属于严重超载，也没有说明他为什么要超载。而这些恰恰就是记者尤其是公众最想知道的信息或最希望他做出详细说明的问题。无论从记者的角度，还是从公众的角度，乃至从司法程序的角度来说，司机所提供的信息量都是不足的，因此违反了合作原则的量准则。另外，使用了“承认”一词，也预设着司机对超载这一事实的承认是被动的或被迫的。这一词语的使用同时也体现了记者在此事件上的主观态度。总之，在这里，超载司机提供的信息少于记者需要了解的，他违反了合作原则的量准则。

S_2中“有错”和“执法部门可以处罚他”，本来对记者、公众或执法部门来说是重要信息，但司机把它处理为预设，也即将之处理为非重要信息。他把打人放到偏正复句的正句上，而把对他自己来说相当重要的信息放到偏句之中，使用让步复句，把不利于自己的那些事实放到偏句中，像处理预设那样处理为背景信息；把有利于自己的事实放到焦点或正句中加以陈述。他强调执法人员打人了，这就体现出了极强的语用选择性。

此外，在本事件中，超载不是引起暴力执法的直接原因，而S_2却向媒体传达了超载是被打的直接原因这一信息，司机这样做是想转移媒体视线，从而隐瞒下一个违法事实——驾车逃逸。这一点，若从语用的角度加以分析，就是违反了相关准则：所述事实与当前交际意图尤其是会话另一方的意图不产生实质关联。

S_3违背方式准则，其所陈述的事实旨在向媒体暗示执法人员在执法过程中存在执法不专业和涉嫌暴力执法的情况。而出示工作证、要求把车称重，甚至问话，这都是执法过程中执法人员必须做的事情，执法是要处罚的，如果发现不良现象，要对造成这种现象或后果的当事人做出相应的处罚。处罚可以是批评，也可以是罚款，甚至在必要的时候可以采取刑事处罚。这里暗含如果要进行处罚，必须，或者只有出示了工作证或把车称重，即只有对上述问题进行说明，然后才能进行。这句话的会话含义是执法人员动手打人是违法的。其推理过程为：执法人员否定了大前提的前件，既没有出示工作证，也没有把车称重，更没有说一句话，也就是没有对为什么要处罚做出交代，就动起手来开始处罚了；处罚是个措施，但因为没有前件，所以这个处罚是违法的。另外，司机违反了方式准则，打人是违法的，仅仅打人本身就是违法的，不给出打人的理由，执法人员打人更是严重违法，叫知法犯法。此句的交际意图为执法人员严重违法。S_3是主观性很强的一段话语。从语用角度来说，司机试图把观众的注意力引导到他自己被打、执法人员打人这个事实上。一方面，执法人员打人会引起更多关注；另一方面是为了使自己处于一种被同情的地位，目的是引起大家对自己作为受害者的同情。执法人员一句话没说，过去就打，不大可能。加上"甚至"就把主观性推向极端了，带有忽悠的、夸张的味道。

S4'是记者转述岑司机的话，其实记者不应该这样说。为什么？记者不能说岑司机的第一反应是什么，在不能确定真假的时候就去转述，记者本身就违背了质准则。应该说，岑司机说他的第一反应是什么。S_4"这伙人有可能是冒充的"，这是岑司机自己说的话，可能是假的，也可能是真的，但这句话与前面的话相互照应，即"那些人既没有出示工作证，也没有要求把车称重，甚至话都没说一句"，司机想说要么执法人员是知法犯法，要么这根本就不是执法人员应该做的事情。这句话说出来进一步强化了他对执法人员的指责，加重了公众对执法人员犯罪恶劣程度的认识，引导记者和公众开始对执法人员做更为负面的评价。换句话说，岑司机想传达的会话含义是执法者根本就不像执法者。

S_5岑司机介绍：他拉的货物是满满一车铝锭，价值过百万元。这

句话跟上句话关联起来就会产生会话含义:假冒执法人员追我的目的是奔着财物来的,是坏人来抢东西。

S_5是为了衬托S_4,也违反了相关准则,因为这车货值多少钱和执法人员让司机停车没有必然联系,事实是司机为了掩饰他接下来的违法事实——逃逸。岑司机一方面暗示执法人员可能是假的;另一方面暗示他们可能是来抢劫财物的。

S_6“直到救护车来了,那些穿制服的人仍在现场,他才意识到,他们有可能不是假的”。司机陈述的重点有两个,一个是自己被打了,第二个是自己误解了。误解是自己还以为执法人员是土匪呢。而且用这句话说自己是无意中误解的,并不是有意误解的,从而让大家对自己的误解做出谅解。“直到救护车来了,那些穿制服的人仍在现场”,说明执法人员根本就不是假的,他们没逃跑,要是假的,肯定逃跑了。“他才意识到,他们有可能不是假的。”这里很多话语都是经记者转述的,从中我们可以看出记者有意偏袒司机。“他才意识到”,“才”的使用,是要告诉公众,司机的误解是可以被谅解的,他是无辜的,不是有意的,我们不能指责他,他逃跑是正常的,而且还给人以他逃跑是因为铝锭这种印象。

岑司机及记者的用词也涉及指称问题。刚开始是“这伙人”,最早说“执法部门可以处罚他,也不能打人”,用的是“执法部门”,接着是“那些人”,既没说是执法部门,也没说不是。接着,“这伙人”,再接下来,“那些穿制服的人”,然后“他们”,除了“他们”是为了衔接,其他都带着个人的主观评价。“那些人”是说跟司机是对立的,“这伙人”说明他们是团体,做坏事的人。有共同目的,联合在一起的叫“伙”。“那些穿制服的人”,按道理,我们看到穿执法者制服的人,不会想到是假的,因为这些制服在中国是不可以随便穿的。从记者的转述可知,记者想忽悠公众,引起公众的注意。

S_6是对S_4的进一步解释，由于S_4是假话，所以对S_4的进一步解释也必然不会让人相信。S_6违反了质准则，岑司机严重超载在前，在遇到行政执法车时，岑司机明明知道执法人员是真的，却向记者说他们可能是假的，他这样说的目的只有一个：向记者说明本事件是执法人员的错，他只是超载而已，因为其认为执法人员是假的，所以没有及时停车，为接下来的逃逸找借口。

在涉及超载现象时，岑司机的话语S_2、S_3、S_4、S_5、S_6还同时违反了方式准则，因为他没有直接介绍其超载的违法事实，而是间接指出执法人员的错误，并由此推断出他们可能是假的这一结论。其会话含义是为了掩饰自己严重超载的事实。

从以上司机对“超载问题”的陈述，我们可以明显看出司机的交际意图为错不在己，重点强调了被打的事实。而记者的转述则预设了立场，起到了引起公众对司机的同情的作用。

二、岑司机有关“逃逸行为”话语的语用分析

（一）事件真相

执法车发现疑似超载车辆后，喊话让司机停车，但涉事司机并没有减速，而是继续保持每小时70千米的速度向前行驶。坐在两辆执法车上的执法人员，费了九牛二虎之力，才将这部疑似超载的货车截停。由于在逼停货车的过程中，涉事司机的逃逸行为威胁了执法人员的生命安全，同时，执法人员逼停超载货车后，因为没有能控制住自己的情绪，随后发生了此次暴力执法事件。

（二）岑司机的话语

S_7（岑司机）我在行驶中，他冲上来追我的，是冲上来追我的，不是在路边叫我。

S_8（记者转述）拦截他的就是节目一开始出现在视频中的那两辆

执法车，岑司机常年开大货车，路上遇到执法人员例行检查是常有的事，他并没有太多惊慌，把车停在了最外侧的车道。然而，岑司机 S_9 下车之后的遭遇，却让他一下子就蒙了。

岑司机：我确实超载了，但是即便是我有错，执法部门可以处罚我，也不能打人啊。（用超载违法现象代替驾车逃逸行为）

S_{10}（岑司机）我问他们为什么这样执法，为什么这样打人执法，他们都不理我，就是这样子。

S_{11}（岑司机）我该怎么处理就怎么处理；S_{12} 你这样野蛮执法，是想干什么？①

（三）语用分析

S_7 强调执法的是移动执法车，不是固定执法点，不应成为司机逃逸的理由。这是在转着圈子找别人的错，没有谈到逃逸的核心问题，因此违反了方式准则。

S_8 介绍了司机最终把车停在了高速路的最外侧，准备接受检查。司机没有介绍被执法车逼停的过程，也没有介绍驾车逃逸有可能对相关执法人员造成伤害的违法事实，刻意掩盖了驾车逃逸的行为，违反了质准则。

岑司机的话语 S_2、S_{10}、S_{11} 和 S_{12} 又证实了 S_4 是违背质准则的，因为在司机的这些话中反复谈到执法的概念，说明司机知道他们是执法人员。

从后来的视频中我们可以看出，在遇到执法车辆让自己停车接受检查时，岑司机没有及时停车，而是继续驾车逃逸，直到被执法人员逼停。岑司机在高速路上高速逃逸，有可能对追他的执法车辆造成危险，对这一点他仅仅轻描淡写，只是在与记者谈话的最后，才勉

---

①语料来自 2013 年 3 月 25 日央视《今日说法》的《佛山货车司机被打事件调查》（有调整）。

强承认。同时,司机故意东拉西扯,说这伙人有可能是冒充的,因为当天他拉的货是满满一车铝锭,价值过百万元等,完全是为了掩盖其驾车逃逸的事实,逃避责任,这自然就违反了合作原则的相关准则和方式准则。此外,岑司机想当然地认为执法人员是假的,把可能性当真了,说了缺乏足够证据的话,从而将矛盾的焦点引向执法人员。

从后来的事件发展,到真相的曝光,我们可以看到,本次事件被定义为"佛山式暴力执法事件"是合理的。虽然司机确实存在过错,他不该超载,被执法人员发现后又涉嫌驾车逃逸,而且在调查过程中在言辞上出现了过多的对自己有利的话语。但是,基于司机属于弱势群体,且其单个行为没有造成严重的后果,故我们对其行为可以有一定程度的理解乃至谅解。相比之下,代表政府部门的执法人员竟然当着多家媒体的面说谎,否认动手打人,否认暴力执法,并称整个执法过程完全是"文明执法",这就严重地影响了政府形象,造成了较为恶劣的社会影响,更应该受到舆论的谴责与行政乃至刑事处罚。

三、涉事司机话语的语用分析小结

涉事司机作为本次事件中的重要人物,既有错误的一面,如超载、驾车逃逸,也有令人同情的一面,如被执法人员殴打。不过,由于他不是官员,他说话只需要对自己负责,因此,即使对媒体说谎,公众也很难去惩罚他。换而言之,就司机这种个体社会成员而言,说谎的成本太低了。他在说谎话时,会违反质准则、量准则、方式准则和相关准则中的一个或几个准则,但都无法受到法律层面的处罚。而就本书而言,我们看到,涉事司机的话语是完全可以立足于会话合作原则做出深度剖析的。

第五节　量准则与媒体对事件主题的突显

在事件调查的最初阶段，涉事双方有时为了自己的目的，会提供过多的信息。这对媒体来说可能是好事，因为这些表面上看来属于“过多”的信息，实际上可能有助于媒体就某一事件的背景及某一现象做更为深入的了解(Fahrus Zaman Fadhly,2012)。

但是在事件的真相清楚明了后，媒体可以对事件的内容进行取舍。在事实较为清晰的前提下，媒体可以合理地利用量准则来体现媒体的观点，即删减次要信息，以突显事件的主题(汤红梅、李大勤，2015)。

本章从语用的角度，对“佛山式文明执法事件”做了一个较为完整的剖析。我们发现：双方违背的准则不是一个，而是多个，涉及质、量、方式和相关准则，只是程度有差别而已，但是对质的违背是最典型的，而这种违背背后的交际意图就是规避责任。

研究表明：

(1)在对新闻事件的调查及定性阶段，媒体都需坚持合作原则的质准则，不说自己认为是不真实的话，同时也不说没有事实依据的话(汤红梅、李大勤，2015)。

(2)在事实真相被调查清楚后，媒体在对新闻事件的编辑过程中，可以利用量准则来就采访内容做取舍，旨在突显事件的性质，烘托主题。

当然，作为一个具有普遍意义的会话原则，会话合作原则就人们对一般话语进行语用分析具有直接的指导价值，但若用于一些特殊语境中的话语分析，其效能可能会受到一定的影响。比如，虚假新闻事件、连续的负面新闻报道事件、官员在应对媒体时的语境等。首先，该理论更适合对会话性话语进行分析，而对会话量不大的新闻事件展开分析就有一定难度；其次，由于在会话过程中，不仅涉及对立双方，有时还会涉及记者对话语的转述，简单套用会话合作原则及相应的准则，分析起来就显得程序复杂、结果不易控制。有鉴于此，笔者觉得有必要在充分吸收原有理论精髓的基础上，通过进一步构建新的原则来拓展原有的理论外延，细化其理论内涵，以更好地适应负面新闻话语的特殊语境。

第四章　新闻语用质准则研究

上一章以“佛山式文明执法事件”为例，研究了会话合作原则在官员话语和司机话语分析中的实际应用。笔者认为，以合作原则为核心的 Grice 理论基本适合新闻话语分析，但分析还是有不到位或不深入之处，需要根据实际情况做一些局部的调整或进一步的强化、优化。

在此基础上，笔者做出假设：本章试图从语用学的视角出发，以发生的虚假新闻为例，借助于语用学的会话合作原则的质准则的概念，提出媒体应遵循的新闻语用质准则。进而，笔者将尝试运用该理论来区分虚假新闻制造和虚假新闻传播，即凡是违反了该准则而产生的虚假新闻就是虚假新闻制造，否则属于虚假新闻传播。通过使用该准则对诸多案例进行分析，笔者验证了这个假设。然后笔者还将探讨媒体的语用质准则与新闻从业者的基本道德要求、相关的法律诉求间的关系。最后，得出结论。需要说明的是，本章所涉及的虚假新闻，如果没有特别指出，均指的是“虚假硬新闻”。

第一节　媒体的语用质准则与虚假新闻制造、传播的关系

一、相关概念

在讨论假新闻的过程中，不少学者，如张涛甫（2007）、韩卫红（2011）、陈力丹（2002）、窦小忱（2008）、江汉超（2010）等，都将虚假新

闻的制造与传播定性为对新闻报道真实性的违背，进而在道德和法律两个层面上抨击虚假新闻的制造者和传播者。为了更好地区分虚假新闻的制造和传播，我们首先要对不同级别的媒体加以界定：

(1)高于媒体自身信用等级的媒体称为高级别媒体；

(2)低于媒体自身信用等级的媒体称为低级别媒体；

(3)和媒体自身信用等级相同的媒体称为同级别媒体。

(一)媒体的“转载原则”

为了更好地研究新闻语用质准则，笔者尝试提出以下媒体转载原则：

(1)博客、论坛、微信、微博、消息灵通人士的传言、所谓的权威人士的消息等都不能作为新闻媒体的信源被直接转载；

(2)媒体在转载同级别媒体或低级别媒体的报道时，应经多方核实后，才能转载；

(3)媒体可以直接转载高级别媒体的报道。

如何避免虚假新闻？媒体工作人员应该在新闻的采访、撰写、编辑环节多下功夫，报道的事件都应当是以事实为依据的，不说假话，不说缺乏根据的话；建议媒体在转载、改编他源新闻时，除要注明转载者、改编者及信息来源等外，还有必要遵循上述“转载原则”。

此外，笔者认为，有必要把虚假新闻的如下两种情况严格地区别开来：第一是直接炮制虚假新闻；第二是虚假新闻的传播。当然，虚假新闻的传播也需要区别两种方式：一种是直接转载，另一种是改写或重新编辑。明确了上述几点后，我们即可对虚假新闻展开进一步的探讨。

(二)虚假新闻制造

为了便于对虚假新闻的研究，我们对“虚假新闻制造”的概念做如下界定：

(1)媒体为了某种目的而杜撰虚假新闻的行为属虚假新闻的制造；

(2)媒体在转载时违反转载原则而引起的虚假新闻也属虚假新闻制造。

(三)虚假新闻传播

同样，为了细化对虚假新闻的研究，笔者对“虚假新闻传播”的概念也做了如下界定：

媒体转载高于自身信用等级的媒体的报道而引起的虚假新闻属虚假新闻的传播。

需要指出的是，有些虚假新闻事件比较复杂，特别是连续负面报道中的新闻，有时不仅涉及虚假新闻制造，同时也涉及虚假新闻传播，这也是我们可以从语用学的角度来透视这类虚假新闻的理据所在。我们区分虚假新闻制造和虚假新闻传播，为的是更好地区分产生虚假新闻的责任。虚假新闻的制造是职业道德问题，而虚假新闻的传播则不涉及职业道德问题。

二、新闻媒体的语用质准则

合作原则面世多年来，得到相关学者的普遍关注，如 Horn(1998)、Mey(2001)、Sperber(1995)等。当然，也有学者指出，因合作原则具有高度的概括力和解释力，基于它的应用研究也相对较多(Kenneth Lindblom，2001)。

合作原则的质准则关注的是话语或信息的真实性，要求人们说真话，即要提供真实信息。在这种情况下，说话人在无意中说了不真实的话，但仍然可以说他是没有违反质准则的(何兆熊，2000)。

真实是新闻的生命，媒体不管在报道正面新闻还是负面新闻时都要遵守新闻的真实准则。与此同时，新闻又是一种话语。如果把新闻媒体作为对话的一方，把新闻媒体的受众作为对话的另一方，在理想的情况下，彼此应是相互合作的。不过，把会话合作原则的质准则直接用于新闻媒体，还是有一定困难的。媒体是一个中间体，它既要面对被采访者，也要面对它的受众。因此，为了更好地区分媒体在发布虚假新闻过程中的责任，通过对大量现代汉语新闻语料的分析，笔者认为可以把新闻学的真实准则和语用学的合作原则的质准则结合起来，从语用视角来阐述新闻报道的真实性；引用语用学合作原则的质准则的概念，并结合新闻媒体的特点，提出媒体的新闻语用质准则（见表 4-1、图 4-1）。

表 4-1　三者之间的关系

新闻的真实准则	合作原则的质准则	新闻语用质准则
遵守	遵守	遵守
遵守	违背	违背
违背	遵守	违背
违背	违背	违背

真实性是事件层面，语用是表达层面。笔者认为，新闻语用质准则是一个连续体，它从事件层面最初的或最基本的新闻真实过渡到表达层面的语用真实，由此笔者做出如下两项界定：

（1）如果某一新闻既遵守了新闻的真实准则，又遵守了合作原则的质准则，则该新闻遵守了新闻语用质准则；

（2）如果某一新闻没有遵守新闻的真实准则或合作原则的质准则中的任何一个，则界定该新闻没有遵守新闻语用质准则。

（一）新闻语用质准则的第一次准则

新闻报道作为大众传播中的一个重要形式，其基本要求是为公众提供真实可靠、及时有效的信息。主流媒体在做新闻时，首先应该保证新闻的真实性。由此，笔者提出新闻语用质准则的第一次准则，界定为：媒体不能有意制造虚假新闻的报道或不能故意说假话。

有些媒体或媒体人，为了抢新闻，有意制造了一些不真实的虚假新闻，如《纸做的包子》和“南京市民排队喝鹿血”等。这些虚假新闻的一个特点就是“刻意制造”。违反新闻语用质准则的第一次准则而产生的虚假新闻，属虚假新闻制造范畴。

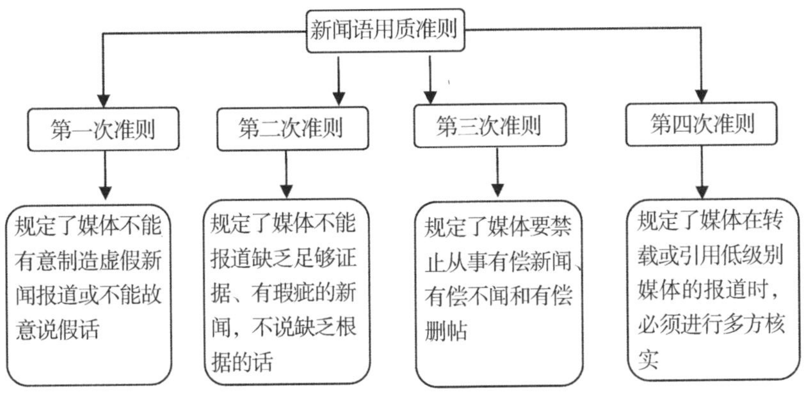

图 4-1　新闻语用质准则所包含的四条次准则

(二)新闻语用质准则的第二次准则

新闻媒体必须对取得的证据进行有效的核实，如果证据出错，就会出现虚假新闻，就有可能对相关单位或机构造成恶劣的影响。为此，笔者提出了新闻语用质准则的第二次准则，这一准则规定：媒体不能报道缺乏足够证据、有瑕疵的新闻，不说缺乏根据的话。

(三)新闻语用质准则的第三次准则

针对目前新闻媒体语用的实际，笔者认为，还有必要提出新闻语用质准则的第三次准则：

(1)新闻媒体要禁止从事有偿新闻；

(2)新闻媒体要禁止从事有偿不闻；

(3)新闻媒体要禁止从事有偿删帖。

这里涉及三个相关概念："有偿新闻""有偿不闻"和"有偿删帖"。

所谓"有偿新闻"，指的是有些新闻媒体或媒体人为了牟利，主动挖掘被报道企业的负面新闻，大搞有偿新闻，分成以下两种情况：

其一，对于不愿与之合作的企业，由该企业的对头出资，有意在媒体或网络平台上发布大量针对该企业的未经核实的虚假报道；

其二，对于愿意出钱合作的企业，夸大报道其正面新闻。

"有偿不闻"是指，媒体在收集某企业的负面新闻后，对愿意与之合作的企业，只要它愿意出钱，媒体就不报道其负面新闻。

"有偿删帖"是指，一些媒体或媒体人，可以为出钱的企业删除网站上的负面新闻。

(四)新闻语用质准则的第四次准则

最后，针对虚假新闻传播，笔者也提出了新闻语用质准则的第四次准则，界定为：新闻媒体在转载或引用低级别媒体的报道时，必须进行多方核实。

媒体在转载低级别媒体或网传的报道时，必须要经过 2 个以上的信源核实；一些媒体在转载网传消息时，没有做到对信源进行有效的核实，产生了虚假新闻；还有些媒体，在转载比其级别低的媒体的报道时，没有对信源进行有效的核实，也会产生虚假新闻。

三、新闻语用质准则与虚假新闻制造的关系

首先，违背了新闻语用质准则的任何一条次准则的新闻报道，都属于虚假新闻制造的范畴。这样的新闻既违背了新闻从业者的基本道德要求和相关的法律规定，也损害了媒体的公信力，应对责任人予以追究。其次，没有违背新闻语用质准则的虚假新闻，则属于虚假新闻传播的范畴，不涉及从业道德和责任人追究问题，但发布虚假新闻的媒体，其公信力会受到程度不等的损害。

第二节　虚假新闻制造实例分析

新闻的真实性是新闻事业持续健康发展的重要前提和根本保障，而违反新闻语用质准则引起的虚假新闻属虚假新闻制造范畴，有必要坚决抵制，并对相关责任人实施相应的处罚。

一、对违背第一次准则的实例的分析

(一)虚假新闻事件分析之一：《纸做的包子》

1.事件回顾

2007 年 7 月 8 日晚 7 时，北京电视台生活频道《透明度》栏目播出《纸做的包子》节目，以记者暗访报道的方式，报道了“纸馅包子”的做法，节目还通过海淀区的卫生执法人员，提醒观众识别纸箱馅包子的方法。[①] 此后，该报道引起了诸多媒体，包括海外媒体的关注。

2.事件真相

2007 年 7 月 18 日晚间，北京电视台在《北京新闻》中称，《纸做的包子》被认定为虚假新闻：“纸馅包子”这一虚假新闻事件发生在 2007 年 6 月，这是一起北京电视台生活频道(BTV-7)的工作人员捏造的新闻事件。北京电视台随后向社会道歉，而虚假新闻的炮制者最终被判刑入狱。

据北京市委宣传部报告，2007 年 6 月中旬，北京电视台生活频道《透明度》栏目临时人员訾某某，先后两次到朝阳区太阳宫乡十字口村 13 号院内，以为工地民工购买早点为名，要求做早点生意的外地来京人员卫某等人为其制作包子。訾某某自带了从市场上购买的肉

①语料来自 2007 年 7 月 18 日晚间，北京电视台的《北京新闻》。

馅、面粉和纸箱，授意卫某等人将纸箱经水浸泡后掺入肉馅中，制成包子，用自带的家用 DV 机拍摄了制作过程并进行了影音剪辑，利用欺骗手段获得播出。该事件完全是媒体人臆想和炮制的虚假新闻，且涉及食品安全，属于虚假新闻制造事件。经过多家媒体的转载发酵，这一虚假新闻被持续报道了较长时间(10 天)，严重干扰了群众的正常生活秩序，损害了群众的切身利益，造成了极其恶劣的社会影响。

3.语用分析

当“纸做的包子”被北京电视台生活频道《透明度》栏目列为选题后，该栏目的临时聘用人员訾某某在北京四环路一带进行暗访，没有发现纸馅包子。訾某某不但没有将自己调查的结果向栏目领导反映，反而臆想和制造了该新闻事件。由于该虚假新闻是该媒体的临时聘用人员臆造的，故违反了新闻语用质准则的第一次准则，下面就针对该报道进行初步的语用剖析。

(1)“临时人员”的语用分析。

“临时人员”本义是指一个企业因岗位或其他临时需要而聘请的一些暂时性的职员。雇佣双方需要签订临时劳动合同。但在当前，我们常常可以在诸多负面新闻中发现很多“临时人员”。城管暴力执法被曝光后，结果发现违规的是临时人员；公务员在履行职责的过程中出了些差错，也是临时人员出的问题；等等。这不禁使人联想到，所谓的“临时人员”其实是替罪羊，因为临时人员的文化意义是未接受过正规培训的、缺少一定素养的人，他们犯错是“个别现象”，符合大众的预期。这样可以规避相关的领导在事件处理过程中应负的责任。

“利用欺骗手段获得播出”中的“欺骗手段”也是如此。一个新闻的生产需要诸多环节。记者写完初稿后，要交给首席记者，再到副主

编、主编等，然后再返还给记者（修改稿件），中间有时要经过数次循环。副主编、主编起到新闻“把门人”的作用，他们决定着新闻的刊发与否。“利用欺骗手段获得播出”，言外之意即为刊发这次稿件，责任不在这些主编或副主编身上，因为主编、副主编审核了稿件，只是临时人员用了欺骗手段蒙骗了他们而已，因而罪责只在这个临时人员身上。

(2)该报道违反了新闻语用质准则的第一次准则。

首先，该报道中的跟踪情节和送纸箱出入非法加工场所的采编画面是记者及其同伙伪造的；其次，纸馅包子是摊贩按记者的意图进行加工和制作的；再者，在报道中使用“用纸箱做肉馅已成为业内公开的秘密”等是訾某某臆造的虚假的用词。因此，报道该虚假新闻的媒体明显违反了媒体不能有意制造虚假新闻报道或不能故意说假话的新闻语用质准则之第一次准则。

(3)分析北京电视台生活频道《透明度》栏目把该报道列为选题的言外之意。

随着生活节奏的加快，买早餐已经是现代社会越来越普遍的行为，而早餐的卫生，一直是社会十分关心的问题。虽然《纸做的包子》为虚假新闻，但是，该台关于北京早餐卫生安全的选题方向应该是没问题的。下面就该选题的言外之意分析如下：

其一，大城市早餐的供应，包括餐饮业的原材料进货渠道、早餐的制作及销售等最好做到规模化。要想让老百姓吃到放心的早餐，对早餐进行规模生产、销售是行之有效的方法之一。因为，将早餐进行规模生产后，早餐的质量、卫生等都可以得到保证。

其二，加强对餐饮从业人员个人卫生的管理和执法检查。因为他们的卫生、健康状况直接影响早餐的安全水平，所以餐饮从业人员要定期进行身体健康检查，每天上班前应进行发热检查，等等。

其三，市民购买早餐时一定要到有生产、销售资质的早餐网点购买。

(4)明明是虚假新闻，是什么因素让我们仅仅凭语言表达或话语形式就认定该报道为真？

这里可以从以下几个方面来说明该报道是如何让人们相信其真实性的：

其一，早餐的供应涉及食品安全的问题，具有报道的价值。

人们对包子的原材料本来就有所顾忌，担心包子的肉馅有问题，而纸馅包子的报道，加深了大家的疑虑。

其二，媒体的信誉度。

北京电视台具有极高的信誉度，老百姓相信它一般不会出现虚假新闻。

其三，具备新闻报道的六个基本要素。

该报道具备新闻报道的六个基本要素，包括：

人物——举报人马先生、暗访记者、造假人员卫某等。

时间——2007 年 6 月 15 日 8 时、6 月 21 日和 6 月 30 日。

地点——北京市朝阳区东四环附近的一个街边早点摊和朝阳区十字口村的一个大院。

起因——马先生举报，在北京有人制作纸馅包子，而且是业内行规。

经过——通过记者的暗访，在装有包子肉馅的盆里，记者发现疑似纸馅；记者继续跟踪调查，发现了制作纸馅包子的窝点及大量废旧纸箱，并以购买包子为借口与制假者进行了接触，结果发现包子作坊的卫生条件十分差，同时在装有肉馅的盆里发现纸屑，摊主承认了用纸箱代替肉馅的事实；其后，记者录制了整个做纸馅包子的过程。

结果——引起工商管理部门的重视。

其四，该报道既有醒目的标题、电视主持人的直接解说、明确的报道主体，又有举报人的举报，还有记者暗访式的实地调查，同时摄录了整个造假的过程。因而，单从报道的内容和报道的新闻结构来看，媒体受众很容易相信该报道的真实性。

(5)该虚假新闻产生的原因及其后果。

訾某某炮制该则新闻报道的原因，一是报选题时没有充分调查；二是当选题被台里选中后，他不想失去这次机会；三是想出名。因此，该事件是由媒体人臆想和炮制而来的纯粹的虚假新闻事件。

食品安全一直是广大群众十分关心的问题，而北京作为我国的首都，具有生活节奏快、人员流动性强的特点，很多人的早点都是在街上买着吃的。《纸做的包子》的报道，一方面会引起工商、卫生、公安等相关部门的重视，另一方面也会引起市民的恐慌：吃早点的人不敢在外买早点，卖早点的人的利益也因该报道而受到了严重的损害。此外，该报道也给北京的形象带来了负面的影响。

4.事件点评

有些新闻媒体或媒体人，为了在市场竞争中取胜，不惜亲自出马“制造”新闻。《纸做的包子》就是在这种逻辑下被生产出来的，该类虚假新闻违反了新闻语用质准则的第一次准则，属于虚假新闻制造范畴。

(二)虚假新闻事件分析之二：南京市民排队喝鹿血

1.事件回顾

2012 年 10 月 4 日，《南京晨报》报道称，十一长假期间，在南京的一个梅花鹿养殖场里，一大早就挤满了从城里来的喝鹿血补身子的人，报道同时配发了一名男子站在梅花鹿群前，正拿着一只鹿角吮吸鲜血的图片。[①]

2.事件真相

2012 年 10 月 16 日，央视《真相调查》节目揭露了南京市民排队喝鹿血是虚假新闻：十一期间，几名记者到梅花鹿养殖场询问是否有鹿茸出售，然后要求看看梅花鹿，其中一个人要求拿着鹿茸照个相，这样的一张照片却成为养殖场现场卖鹿血的“铁证”。

该事件完全是媒体臆造出的虚假新闻，属于虚假新闻制造范畴。

3.语用分析

(1)明明是假新闻，是什么因素让我们认定该报道为真?

新闻话语的几个“W”它都有了。有现场，有目击，这很重要。从语言学的角度看，这叫实证，即“我是亲眼看到的，不是推测的，不是听说的”。信息来源有三种方式，听说的、看到的(看书的)、推测的。作为记者，他竟然把根据目击的迹象所推测出来的东西当成信源，而且他知道这个新闻报道可能带来什么新闻效果。血腥现场可能引起人们的关注，与人们的道德期望是违背的。人们的道德评价在不停地提高，过去杀人是犯法的，而在如今的社会大背景下，在文化观念作为基础的前提下，残杀动物也是不允许的。

(2)该事件的言后之果或所要传达的交际意图为：一是广大的读者要爱护物种多样性，禁止残杀动物；二是提醒人们要爱惜生命。

(三)小结

此节中涉及的虚假新闻违反了新闻语用质准则的第一次准则，属于虚假新闻制造范畴，相关执法部门应对该类事件的责任人予以严惩。

---

①语料来自 2012 年 10 月 4 日，《南京晨报》在“南京新闻”版报道的《江宁一鹿场长假每天有人排队喝鹿血》.

二、对违背第二次准则的实例的分析

新闻语用质准则的第二次准则规定：媒体不能报道缺乏足够证据、有瑕疵的新闻，不说缺乏根据的话。

（一）虚假新闻事件分析之三：女兵学习十八大精神

1.事件回顾

2012年11月17日，浙江《今日早报》在头版刊登了一幅2012年11月16日女哨兵在学习十八大精神的照片。

2.事件真相

后有网友发现：此事件为虚假新闻。

3.语用分析

冉永平(2006)认为，除了会话等言语交际中存在隐含信息以外，非言语交际也存在语用含意的问题。刊登的照片中，表面上一群女兵正在兴高采烈地看报纸，然而，要对其隐含信息加以解读，需要依赖一定的背景信息：当时十八大刚刚闭幕不久，全国上下正掀起学习十八大精神的浪潮，于是该文作者就用“导演”过的画面来体现这一主旨。这就是以上照片所隐含的语用信息。但由于该照片涉及造假，记者通过“导演”过的画面这一特殊的表达形式，又传递出了更深的远超出其预料的“会话含义”。

我们知道，语言表达很重要，转述和非转述，剪辑和非剪辑，完全不是一回事。非语言表达也是如此。在该事件中，有着重要新闻价值的照片竟然是“摆拍”的，这就涉嫌严重的新闻造假，明显违背了新闻的真实准则。记者本意是想通过这样一张照片，来传达全国上下都在认真学习十八大精神这样一个主题。但由于造假，该报道产生了记者本身没有想到的如下言外之意：

(1)某些地方的政治学习流于形式。

众所周知,政治学习是一件十分严肃的事情,而每人都拿一张不同的报纸在学习十八大精神,这显然是不真实的。从女兵的表情可以看出,她们不是在学习十八大精神,而是在看她们非常感兴趣的新闻。因为,根据常识,有关十八大精神的报道,一般都会放到报纸的第一版,因此,此次女兵学习十八大精神的摆拍照片,讽刺了某些地方流于形式的政治学习。十八大闭幕后,习近平总书记曾强调反对"形式主义",用一幅摆拍的照片来反映这样的主题,本身就有违十八大精神,与"求真务实"背道而驰。

(2)"有图"未必就"有真相"。

"摆拍"和"PS"由来已久。所谓"PS",当然诞生较晚。但是,"换头术"和"悬浮技术"却早就存在了。这就给我们一个启示:"有图"未必就"有真相",眼见不一定为实。对于图或所见事件的解读,必须联系到其发生时的特定语境,才能最终确定其交际意义所在。

(3)媒体报道的佐证材料一定要真实。

刊登女兵学习十八大精神的报道是有宣传价值的,报道刊登反映年轻女兵的靓丽外表及精神面貌的照片也没有问题,但拿该照片去佐证女兵正在学习十八大精神就不行了,因为那根本就不是真实的场面。另外,如果责任编辑能认真审查,应该是能发现问题的。

(二)虚假新闻事件分析之四:温州商人林春平"收购美国大西洋银行"事件

1.事件回顾

2012 年 1 月 21 日的《浙江日报》头版刊登了《温商买下美国大西洋银行》一文,紧接着,《温州日报》详细报道了林春平收购美国银行一事,此后几天,全国数十家媒体纷纷开始介入报道。

2.事件真相

最后的真相是,该事件为虚假新闻,其生命期约 2 个月。

3.语用分析

(1)对温州商人“收购美国大西洋银行”事件的解读。

Allan Bell(1991)认为,新闻故事有两种来源:媒体和新闻人物。信源是信息的来源。新闻报道往往要写清楚其信息是从哪里来的。在保障新闻报道的真实性或可靠性的常用手段中,信源的重要性显得更为突出一些:不仅要有直接信源语,还要恰当地运用间接信源语来保障新闻语用质准则的实现。

此外,还有一种与信源密切相关但又有所不同的手段值得我们关注,那就是“引用”。引用可以在新闻的所有部分加以运用,包括标题。它经常用来介绍人物的观点,或专家、目击者乃至相关人员提供的信息,但被引用的话语不一定就是原话,此时所引用的话语多用来表示一个群体大致的观点或态度。“收购美国大西洋银行”就属于引用,其信源显然是林提供的。但相关媒体只是简单地引用了林的话,而未对其真假进行核实就加以报道,这就等于把引用和事实混为一谈。该引用来自林春平在《温州商报》刊登的广告,他自称“收购了美国大西洋银行”。其实林后来承认道:“我其实是有收购银行的设想的,是有夸大的成分。”他夸大的初衷是为了追求一个名气。

在此事件中,《温州商报》《温州日报》《浙江日报》等媒体所报道内容的主要信息都来自林春平本人,这就是把个人说法当作信源,没有经过第三方核查。没有得到其他林收购银行事件的直接证据,主动放弃了查实这些内容的真伪,刊登了来自个人说法的报道,这自然就违反了新闻语用质准则的第二次准则。

(2)下面陈述该事件——温州商人“收购美国大西洋银行”事件所带来的启示。

①消息的来源不能仅凭事件当事一方的说法,应多方核实。

其一,可以到特拉华州政府查询。

中国商人收购特拉华州的美国银行后，媒体可以通过在美的记者、华侨等到当地市政厅予以查证。

其二，可以查一查林春平的公司这些年的缴税情况。

可以通过温州的国税局查一下林春平名下企业近几年的缴税情况，即可以得出林春平有没有能力购买美国银行。

其三，可以查一查 6000 万美元能否收购美国银行，采访业内专家一问即知。

可以向美国业内人士咨询一下，6000 万美元能否收购美国银行，它的可能性有多大。

其四，可以到网上搜一下大西洋银行是否存在。

②什么原因让这条假新闻瞒天过海？

《温州日报》《浙江日报》都是党报，对刊发消息的真实性的要求非常严格，为什么还会在这些报纸上出现这样的假新闻呢？究其原因，大致有二：其一，当林春平向媒体声称"收购美国大西洋银行"时，正好与温州申报"国家金融综合改革试验区"的创新相契合；其二，1 月 30 日，浙江省委主要领导在全省民营经济万人大会上声称：林春平收购了美国银行，了不起。

③新闻"把门人"为何自身失守？通过分析该虚假新闻，我们可以发现，该虚假新闻产生的根源是媒体采用了单一信源。

4.事件点评

新闻媒体不能将内部说法、个人说法、消息灵通人士的传言、非官方微信、非官方微博等作为信源，如果要加以引用，必须要经过第三方的核实，否则，就可能出现虚假新闻。

(三)虚假新闻事件分析之五：京畿地沟油黑色产业链

1.事件回顾

2014 年 5 月 14 日，人民网重磅推出《地沟油去哪儿了？起底京

畿地沟油黑色产业链》的系列报道。该消息经各大网站的传播，迅速引起了国人的关注。

2.事件的真相

2014 年 5 月 20 日，人民网记者发表声明，承认其报道“不慎将嘉里油脂化学（天津）工业有限公司误报为嘉里粮油（天津）有限公司”，并道歉。

3.语用分析

该事件中，该媒体的暗访记者由于匆忙，将“嘉里油脂化学（天津）工业有限公司”误认为是隔壁的“嘉里粮油（天津）有限公司”，媒体也没有对暗访记者取得的证据进行核实，就刊出了疑似装载地沟油的油罐车最后进入了嘉里粮油（天津）有限公司厂区的不实消息，违反了新闻语用质准则的第二次准则，属虚假新闻的制造，相关责任人应该受到处罚。

该新闻事件给我们带来的启示是：

（1）对关系到老百姓的重要社会新闻报道的证据要严格核实。

地沟油流入食用油市场是老百姓深恶痛绝的事，然而，至今为止，还没有发现让老百姓很容易就能辨别地沟油的办法。因此，媒体通过暗访，报道地沟油的最终去向，这应该是令老百姓十分高兴并乐于关注的事。但在该篇报道中，媒体却犯了一个相当低级的错误，那就是将两个公司弄错。假如在播出前，该媒体能到天津当地的工商管理部门加以核实、举报，那么当地的工商管理人员就会及时发现该报道存在的问题，相应的不实报道就不会产生。由此可见，对关系到国计民生的重要社会新闻报道，我们必须严格核实其证据。

（2）该报道为什么会引起社会的恐慌？

嘉里粮油的主要产品为金龙鱼食用油，其在 2014 年占我国食用油市场份额的 40%左右。可想而知，如果该知名品牌的食用油出了问题，就意味着有相当多的人会担心食用油乃至整个食品行业的安全。也就在发布了该虚假报道的第二天，益海嘉里召开新闻发布会，称记者将两个公司弄错了。2014 年 5 月 20 日，人民网记者发表声明，承认其报道有误并道歉。可见，媒体在报道关系到国计民生的食品安全问题时，要慎之又慎，不能出差错，否则，有可能引起社会的恐慌。

(3)对《地沟油去哪儿了？起底京畿地沟油黑色产业链》标题的解读。

新闻标题往往以浓缩的语言概括文章最主要及最值得注意的内容，对读者起着关键性的“引导”作用。为了增加点击率，该报道的记者使用了诸多语言手段来提升其新闻效果。

①修辞格的使用。

该标题使用了拟人和双关的修辞格。“去”“来”等动词的主语只能是有生命的物体，比如说“看，小王来了！”，而“地沟油去哪儿了？”显然是把地沟油拟人化了，即作者把它设想为一种可以到处走动的物质，有可能走上老百姓的餐桌，令人非常害怕。此外，记者很显然套用了当时比较流行的一档娱乐节目《爸爸去哪儿了》的写法，目的就是为了吸引读者的注意力，借此提高新闻的点击率。

双关是利用语言中同音和多义的存在特征，使一语含多义。标题中的“黑色”就有一语双关的修辞效果。黑色可以定义为没有任何可见光进入视觉范围的颜色，和白色正好相反。在文化意义层面，黑色还代表“秘密”“隐蔽”和不确定的因素，常比喻冷酷、阴暗等。黑色在“黑色产业链”这一特定的语境下，可解释为“秘密”或“隐蔽”。“链”的本义为：一是用金属的环连接成的长条形的东西，如链子、手链、锁链、链条等；二是像链子一样环环相扣的东西，如链轨、食物链等。词在不同的语境中，有其不同的特定的含义或 situated meaning

(情境意义);与此同时,在不同的社会和文化圈内,词的意义也可能有所不同。"产业链"是产业经济学中的一个概念,是各个产业部门之间基于一定的技术经济关联,并依据特定的逻辑关系和时空布局关系客观形成的链条式关联关系形态。"黑色产业链"则表明地沟油的非法生产已经达到了一定的规模。

②预设的使用。

新闻要想让读者眼前一亮,必须在标题上提供足够的预设。语用预设是新闻标题的助推器。该新闻报道的标题中"地沟油去哪儿了?"就预设着存在地沟油,而且已经在使用过程中。显然这样的预设是与我们的如下认知相冲突的:在国家的重拳出击下,地沟油已经销声匿迹了好几年。当然在读到"地沟油去哪儿了?"后,读者会不免在惊讶之余产生好奇之心,进而情不自禁地细读该新闻。

③"了"的使用。

动词后"了"的核心意义是"近时结束",但是它如果与不同的句法条件结合,将形成不同的条件变体,即"结束体"和"持续体"。当然,不管是结束体还是持续体,"地沟油去哪儿了?"都表明地沟油确实存在过,而且可能继续在市场上流通。

4.事件点评

新闻媒体必须对取得的证据进行有效的核实。在该案例中,由于种种原因,暗访记者把重要的证据搞错了,从而出现了虚假新闻,这当然会对嘉里粮油(天津)有限公司的信誉造成恶劣的影响。

(四)小结

事件是真实的,内容也是健康的,但报道的辅助支撑材料也需要具有较高可信度,否则媒体的公信力就会受到程度不等的损害。总之,新闻媒体绝对不能将内部说法、个人言谈、消息灵通人士的传言、非官方微信、非官方微博等作为信源,如果非要加以引用,必须要经过第三方的核实，并以特殊方式加以显示，否则，就可能出现虚假新闻。

三、对违背第三次准则的实例的分析

（一）虚假新闻事件分析之六：21世纪报系新闻敲诈案（鼓励员工“有偿不闻”）

1.事件回顾

从2011年起，21世纪传媒旗下财经类媒体以发布负面新闻为要挟，迫使上市公司、IPO公司与其签订合作协议，收取“保护费”。

2.事件的真相

该事件的相关责任人沈某、陈某某、乐某等人被上海市人民检察院第一分院依法批捕。

3.语用分析

21世纪报系通过挖掘上市公司或知名企业的负面信息，对于愿意出钱的企业进行正面报道，反之，则对对方进行攻击。21世纪报系的以上行为属于有偿新闻、有偿删帖、有偿不闻、新闻敲诈，明显违反新闻语用质准则的第一、第三次准则。对于被负面报道后又愿意与自己合作的重要客户，21世纪报系要挟其投放广告或签订合作协议，从中获取高额广告费或好处费，从而删除对其的负面报道，涉嫌有偿不闻、有偿删帖，违反了新闻语用质准则的第三次准则。

21世纪报系大搞有偿新闻、有偿不闻和新闻敲诈，违反新闻语用质准则的第一、第三次准则，显然是想传达出某些特定的会话含义，具体分析如下。

(1)21世纪报系报道与之合作的上市公司、IPO公司的正面新闻所产生的会话含义：

显然，21世纪报系利用自身在财经界的广泛影响力和专业的财经知识，向其他还没有与自己合作的上市公司、IPO公司表明，只要愿意与自己合作，愿意花钱，自己就能为其夸大正面事实或掩盖负面问题，进行正面报道，甚至可以帮助相关企业消灾。

(2)21 世纪报系报道没有与之合作的上市公司、IPO 公司的负面新闻，这产生了以下会话含义：

对于不愿意花钱与之合作的上市公司、IPO 公司，21 世纪报系可以利用自身在财经界的广泛影响力和专业的财经知识，通过挖掘和刊登其负面新闻，导致其股价波动或无法上市，让其付出惨痛代价。换而言之，21 世纪报系试图向还没有与自己合作的上市公司、IPO 公司传达出这样的信息：我们是专业的团队，如果愿意合作，就可以花钱消灾；如果不合作，就必须要付出更加惨痛的代价。

(3)与之前没有合作的上市公司、IPO 公司重新合作而删除其负面新闻，这就产生如下会话含义：

向其他没有与自己合作的上市公司、IPO 公司表明，即使已经刊登过其负面新闻，只要愿意花钱，21 世纪报系有能力为其及时删除相关的负面新闻，甚至还可以通过利用 21 世纪报系在财经界的广泛影响力和专业的财经知识，为其刊登相关的正面新闻，为其正名。

4.事件点评

21 世纪报系为了牟利，主动挖掘被报道企业的负面信息，对于愿意出钱的企业，进行正面报道，反之，则对对方进行恶意攻击。21 世纪报系的这些行为属于有偿新闻、有偿不闻或有偿删帖，涉及新闻敲诈，违反了新闻语用质准则的第一、第三次准则，属虚假新闻制造范畴。

(二)小结

《新快报》记者陈某某收受他人钱财，有意发表大量针对中联重科的未经核实的虚假报道，以及 21 世纪报系的以上行为均属于有偿新闻或有偿不闻、有偿删帖。以上这些媒体或媒体人搞有偿新闻或有偿不闻，违反新闻语用质准则的第三次准则；搞新闻敲诈，涉及违反新闻语用质准则的第一次准则。媒体不管违反新闻语用质准则的第一或第三次准则，都属虚假新闻制造范畴，会对媒体的信誉造成极大的损害，严重背离新闻事业宗旨，必须从严追究并给予相应的处罚。

四、对违背第四次准则的实例的分析

新闻语用质准则第四次准则规定，媒体在转载或引用低级别媒体的报道时，必须进行多方核实。

(一)虚假新闻事件分析之七:“第 47 公告”事件

1.事件回顾

2011 年 8 月 12 日，两个专业会计网站中国会计视野网、中华会计网校先后在网站上发布《关于修订个人所得税若干问题的规定的公告》，简称“第 47 号公告”；8 月 13 日《广州日报》刊发了《9 月起年终奖计税方法调整　避免奖金越多所得越少》，并对“第 47 号公告”进行了详尽解读；8 月 13 日，新华网刊发了《税务总局相关负责人解答执行新个人所得税法问题》一文，通过国家税务总局相关负责人于 13 日接受记者采访的方式，分析了新税法与原税法的衔接方法；8 月 13 日，央视更是在第四频道与新闻频道进行了相关报道；8 月 14 日，新华网刊发了国家税务总局《关于修订征收个人所得税若干问题的公告》。

2011 年 8 月 12 日起，网络媒体开始陆续报道国家税务总局“第 47 号公告”，《广州日报》、新华网跟进，央视、央广新闻深入解读，各大媒体也都陆续报道了该类消息。

2.事件真相

2011 年 8 月 15 日，国家税务总局紧急发布辟谣声明称，有人对外发布了“国家税务总局《关于修订个人所得税若干问题的规定的公告》”，误导了纳税人。该事件被评为2011年度十大假新闻之首，假新闻的生命期为3天。

3.语用分析

记者在写故事时，主要依赖别人对事件的描述（Allan Bell，1991）。Fishman（1980）也认为新闻工作者是从别人的描述中获取事实。新闻报道通常广泛引用他人的话语，在编写一条消息时，记者不仅依赖口头话语，也需要大量参考书面话语，例如报道、新闻发布会、其他媒体的消息等，从而可以说，大多数新闻都是对以前的新闻的修订或重写，在语言上记者或者直接引用他人的话语，或者对他人的话语进行诠释（辛斌，2007）。有一点需要说明，如果是直接引用，记者有必要对原话的真假进行鉴别，并尽量引用高级别的杂志或网站；对他人话语进行诠释时，也应尽量把握原文的意图，避免对原文的曲解。

《广州日报》、新华网在刊登网传的“第47号公告”的相关消息时，在没有对其真实性进行充分核实的情况下，就加以传播，从而违背了新闻语用质准则的第四次准则。其一，《广州日报》作为省级党报，在没有对网传的“第47号公告”的真实性进行充分核实的情况下，刊发了《9月起年终奖计税方法调整　避免奖金越多所得越少》，并对“第47号公告”进行了详尽解读；其二，由于新华网是新华社主办的国家重点网站，该网站也在没有核实公告的真实性的情况下，就刊发了国家税务总局近日出台了《关于修订征收个人所得税若干问题的公告》的消息，采访了国家税务总局相关负责人，解答了执行新个人所得税法的相关问题。因此，《广州日报》、新华网转载来自低级别网站的消息时，没有尽到对信源的核实义务，更在此基础上更改原新闻的题目，使假新闻越传越像真的，违背了新闻语用质准则的第四次准则，造成了一定后果。尽管该虚假新闻的生命期只有 3 天，但给人们留下了以下思考：

(1)既然“第 47 号公告”是假的，为什么国家税务总局相关负责人还能就其相关内容做出解读？

其一，尽管“第 47 号公告”是假的，但是，该公告中关于年终奖的征税办法却更加合理。

其二，2011 年 8 月 13、14 日是周末，新华网没有能通过国家税务总局直接核实“第 47 号公告”的真伪，而是通过间接的方式——让国家税务总局的相关负责人解读的方式，核实了“第 47 号公告”。显然，“第 47 号公告”做得太像了，相关内容在国家税务总局里肯定也讨论过，它解决了个税征收过程中的一些问题，因此，这位国家税务总局的相关负责人才会对“第 47 号公告”予以解读，但他忽视了其本身的真伪。其实，这位负责人只要稍微认真些，打个电话咨询一下，就不会出现这种摆乌龙的现象。

(2)为什么“第 47 号公告”在媒体上被披露以后，赢得媒体和百姓的称赞？

尽管个人所得税在国家整个税收中的份额不大，但它的征收对象都是个体的民众，它与民众的感受密切相关。虽然税收征收方案很难让所有人都满意，但公平公正是重要目标，当发现税收征收方案有瑕疵时，国家税务总局也要及时加以研究、讨论，适时做出调整，使税收征收方案尽可能向公平公正的目标靠近一些。年终奖是我国大多数中高等收入者的重要经济收入之一，更加合理的年终奖征税方法是受媒体和老百姓欢迎的，因此，尽管“第 47 号公告”是假的，但它提出了一个关于年终奖征税的更加合理的解决方案，反映了中国大多数中高等收入者的心声。

(3)为什么国家税务总局关于有人伪造“第 47 号公告”的声明中

不指明是谁盗用国家税务总局名义，对外发布了“第 47 号公告”？

其一，新华网 8 月 13 日刊发了国家税务总局近日出台了“第 47 号公告”的消息，并通过采访国家税务总局相关负责人，解答了执行新税法的相关问题。其中，该则消息的信源是新华网，并有记者署名，显然，采访是真实的。因此，在新华网刊登虚假的“第 47 号公告”及其解读的问题上，国家税务总局是要承担责任的。

其二，虽然国家税务总局从未发过该“第 47 号公告”及解读稿，但新华网刊登的“第 47 号公告”的解读却是由总局的相关负责人做出的，看似矛盾，实则不矛盾。因为，既然“第 47 号公告”是假的，那么国家税务总局就不会对“第 47 号公告”进行解读；如果有国家税务总局相关负责人对此进行解读，那就是他个人行为，与总局无关。

其三，国家税务总局虽不能追究盗用其名义，对外发布“第 47 号公告”并做解读的人的责任，但可以追究伪造公文者的法律责任。

(4)对“第 47 号公告”标题的解读。

新闻标题是文章的浓缩，它以高度浓缩的语言提示文章最主要、最值得注意的内容，对浏览新闻的读者起“向导”作用。标题的主要作用也就是给读者介绍该报道的主要事件。从篇章分析的角度来看，标题表达的是该报道的宏观命题。由于新闻事件大都是最近发生的，要求最及时地报道，这就要求新闻标题要以最简洁的语言提供最重要、最全面的信息。此外，新闻要想让读者眼前一亮，必须在标题上提供足够的预设。从案例标题本身，我们就可以把握整篇新闻报道的如下主要内容：政府正式公布或者公开宣告关系到国计民生的重大事件。这足以引起老百姓对该则报道的关注，继而增加该新闻的点击率。

4.事件点评

该事件说明，媒体在转载低级别媒体的报道时，要首先对信源本身进行核实，不能在信源没有被充分核实的情况下，就请有关负责人或专家对消息进行解读。此外，网传消息不能作为信源。该事件中，新华网违背了新闻语用质准则的第四次准则，属虚假新闻制造范畴。

(二)虚假新闻事件分析之八：碰瓷男惨遭女司机径直碾轧事件①

1.事件回顾

2014 年 7 月 22 日，半岛网《城市信报》用半版的篇幅报道了《女司机遇碰瓷男开车轧了过去……》。

2.事件的真相

经查证，该视频由网友“pdyoon”在 2014 年 7 月 19 日发布，据韩国警方初步调查、确认，事发地为韩国忠清北道首府清州市，该事件并非“碰瓷”，属交通事故，男子当时处于醉酒状态，在过马路时被碰倒，暂无生命危险。

3.语用分析

半岛网《城市信报》没有对网传视频发生的地点、时间等关键内容进行严格的核实，就将视频内容加以报道，这显然违反了新闻语用质准则的第四次准则。这是因为：其一，《城市信报》在没有对网传视频的发生时间、地点、事件真相等问题搞清楚的情况下，就对网传视频的内容妄加解读，严重误导了读者；其二，眼见不一定为实，例如，在本例的网传视频中，尽管事故本身像由碰瓷引起的，但实际不是碰瓷事故，被碾轧男子当时处于醉酒状态，属普通交通事故；其三，由于该交通事故发生在韩国，用我国的《道路交通安全法》去解读该事故，显然是不合适的。

由此可见，媒体不能以网传视频资料为信源进行转载、解读，否则会违反新闻语用质准则的第四次准则。该事件经媒体曝光后，引

---

①信源是网友“pdyoon”发布的视频。

起包括司机在内的广大市民的热议。

《城市信报》违反新闻语用质准则的第四次准则给我们带来的言外之意可做如下分析：

(1)人们对碰瓷现象深恶痛绝。

应该说人们在开车时很少能遇到碰瓷，但碰瓷作为一个社会现象被很多媒体曝光过，人们对碰瓷现象深恶痛绝。甚至有媒体披露有团伙专门从事碰瓷，他们内部分工明确，有自残的，有要钱的，有恐吓的，有许多媒体还请专家向司机普及如何应对碰瓷等。

(2)人们对新手女司机的驾驶技术是怀疑的。

女司机，特别是新手女司机，是司机群体里的“特殊人群”，在人们的印象中，其一般与驾驶技术很差联系在一起。在公路上，人们一般都会远离女司机，因为人们普遍认为可能永远都不知道她们下一步想干什么，很多离奇的交通事故都是由女司机引发的。

(3)当碰瓷男遇到新手女司机会出现什么样的状况呢?

人们对碰瓷者非常痛恨，对新手女司机的驾驶技术又非常怀疑。这样，我们不禁会问：当碰瓷男遇到新手女司机会出现什么样的状况呢?

观看过该视频并聆听过该解读的观众一般都会把这则新闻当成笑话，大部分人都觉得这个碰瓷的人被新手女司机碾轧既可惜又活该。因为大家都对碰瓷的人深恶痛绝。很多网友都调侃“碰瓷有风险，入行需谨慎”“不作就不会死”“自作孽不可活”。这段碰瓷男遇到新手女司机的视频恰恰满足了人们好奇的心理，既讽刺了新手女司机的驾车技能，又给碰瓷男上了一课。

(4)关于该女司机在事故中该负的责任的讨论。

其一，由于该交通事故发生在韩国，用我国的《道路交通安全法》去解读该交通事故中女司机的责任是不合适的；其二，按韩国交警的说法，该被碾轧的男子是醉酒，而涉事女司机又恰巧没有发现他，所以发生了交通事故。该事件是普通的交通事故，不是碰瓷事件。

(5)给司机和行人提了个醒。

其一，该事件告诫广大司机，对于复杂路面，一定要小心驾驶；其二，该事件也正告行人，要遵守交通规则，爱惜自己的生命；其三，由于车辆有盲区，行人也要及时避让汽车。

(6)对该新闻标题的语用分析。

一个事件可以从不同角度去说。

新闻语篇所传达的信息经常只是“冰山的顶层”，“大多数其他信息由个人或社会享有，由语言使用者认知地再现，由说话人事先的假设而隐含在文本中”(梵・迪克，2003)。在新闻报道中，句子往往传达一个以上的命题。只不过，很多命题都是隐性传达的，属于“隐含命题”，因而，要解读出相关的隐含命题，就需要读者自己通过其认知、预设等予以补充。而作为一种特殊的句子——新闻标题，Allan Bell(1991)认为，作为新闻语篇的次语类，新闻标题表达了新闻内容中最重要的信息。因而，对新闻标题，读者需要领悟出其隐含的信息，特别是最重要的信息。预设的使用就是一个典型的例子。

预设，也称“先设”或“前提”，是语用隐含的一种，是提取没表达出来的命题的一个方式。例如：

S_1：王木匠是刘太太女儿的未婚夫。

S_2：王木匠不是刘太太女儿的未婚夫。

$S_1/S_2 \rightarrow S_3$：刘太太已婚。

$S_1/S_2 \rightarrow S_4$：刘太太有个女儿

以上 S_1 和 S_2 都预设了 S_3、S_4，或者说，S_3、S_4 都是 S_1、S_2 的预设命题或预设意义。其中，S_1 和 S_2 在真值上是对立的。预设跟句子的恰当性直接相关，是个典型的语用学概念。从认知的角度来看，预设

是说话者认为听话者已经知道的命题。而本案例中的新闻标题非常完整,仅从题目本身,就可以把握整篇新闻报道的如下几点主要内容:

①存在着一位碰瓷男;

②存在着一位女司机;

③女司机碾轧碰瓷男;

④碰瓷男遭碾轧是被动的;

⑤女司机碾轧碰瓷男是一件悲惨的事情;

⑥……

其中,①②③就是预设,其他则为断言(蕴涵)。

4.事件点评

该事件说明,媒体在转载网传新闻或低级别媒体的报道时,要首先进行信源的核实,网传消息不能作为信源。在该事件中,《城市信报》违背了新闻语用质准则的第四次准则,是应该受到谴责的。

(三)虚假新闻事件分析之九:斯诺登爆料美国登月造假事件

1.事件回顾

2013 年 8 月 3 日,哈尔滨的《新晚报》刊发了《斯诺登:俄才是首个探月国家》的报道。该报道称,斯诺登获得"自由"后第一时间通过推特(Twitter[①])发布信息:"我相信是俄罗斯首先探索的月球。"

2013 年 8 月 9 日,《北京晚报》又重新刊登了这条报道,其新闻依据也是斯诺登发布的推特。在这之后,包括新华网、人民网、光明网、中国新闻网、央视等有影响力的媒体纷纷转述。

2.事件的真相

后经查证,该报道所述内容属不实信息。

---

①Twitter 是一个社交网络(social network service)及微博客服务的网站,是全球互联网上访问量最大的十个网站之一。

3.语用分析

言语转述(speech reporting)在新闻报道中的重要性不容置疑。引用谁的话,不引用谁的话,为何引用这些话,采用什么样的引用方式等,都对新闻语篇具有牵一发而动全身的作用(辛斌,2007)。使用引用这一手段可以把体现报道者主观倾向的他人话语本身处理为与事实报道表面上同质的因素,从而达到自己不说但比自己说更好的语用效果。

由于《新晚报》《北京晚报》、新华网、人民网、光明网、中国新闻网、央视等有影响力的媒体在没有对斯诺登的推特账号中的信息进行严格核实的情况下,就将该信息加以报道或转载,这明显违背了新闻语用质准则的第四次准则。这是因为:其一,《新晚报》《北京晚报》在报道斯诺登推特上的虚假消息时,没有尽到对信源的核实义务。斯诺登事实上并没有在推特注册过账号,因此,其发布在推特上的消息也是假的;如果媒体能向斯诺登本人或其律师进行核实,那么该则虚假消息是能被媒体及时发现的。从这个意义上说,《新晚报》《北京晚报》对斯诺登推特上的虚假消息进行报道或转载,明显地违背了新闻语用质准则的第四次准则。其二,新华网、人民网、光明网、中国新闻网、央视等有影响力的媒体,其信誉等级比《北京晚报》高,但它们在转述《北京晚报》的该则新闻时,没有做到对信源进行核实的义务,这些媒体也违背了新闻语用质准则的第四次准则。由报道该则虚假新闻引发了如下一些值得深思的问题:

(1)该虚假新闻为什么会让人们相信?

人们对一句话的解读依赖于结合一定的语境信息而推导出的会话含义。这里说的语境包括各种知识,范围很广,涉及语言知识、话语上下文、世界知识,尤其是社会文化背景知识等。话语的理解建立在交际者之间“共有知识”的基础之上,并且这个语境存在于交际双方的头脑之中，是固定不变的。其一，“棱镜门”事件的揭秘者斯诺登之前已经曝光了很多美国中央情报局的内幕。其二，在其被“困”在莫斯科机场数周并获得俄罗斯政府发给的入境许可证之后，人们期待他在获得“自由”后能再曝光更多的内幕。其三，披露该虚假消息的人了解人们的期待，在斯诺登获得“自由”后第一时间就通过推特发布了虚假信息：俄罗斯首先探索的月球。“我相信是俄罗斯首先探索的月球”这句话虽然没有直接说明当年美国“阿波罗登月”可能造假，但是暗示了“阿波罗登月”可能造假。其四，该消息满足了人们期待斯诺登能再曝光一些美国中央情报局内幕的心理。

(2)美国 1969 年首先登月存在疑点。

有部分人或媒体一直对美国 1969 年“阿波罗 11 号”首次登月表示质疑。质疑的内容包括：登月计划的档案如今在哪儿？从月球上获取的月球岩石现在在哪儿？登月火箭返回舱及图纸在哪儿？为什么登月当事人多年一直不接受采访？插在月球上的第一面美国国旗为什么不见了？而虚假新闻的出现恰好满足了这部分人或媒体的期待。

4.事件点评

该类事件说明，媒体在转载低级别媒体或网传的报道时，必须要经过两个以上的信源核实。在以上几个案例中，一些媒体在转载网传消息时，或者在转载比其级别低的媒体的报道时，没有对信源进行有效的核实，产生了虚假新闻，违反了新闻语用质准则的第四次准则，属于虚假新闻制造范畴，对刊登媒体的公信力造成了一定的损害，因此，对该类事件的制造者，要予以谴责。

第三节　虚假新闻传播实例分析

一、虚假新闻传播实例分析之一：各大媒体对我国“非典”前期的不实报道

（一）事件回顾

2002 年 11 月起在广东部分地区发生了 SARS（重症急性呼吸综合征，别称“非典”）。从 2003 年 4 月后，疾病从中国南方迅速扩散到北方，全国（含香港、台湾）累积病例人数为 7747 人，死亡人数为 829 人。

（二）事件的真相

2003 年 4 月 5 日前，媒体表现为沉默、失语；4 月 5 日以后，媒体适度报道，报道的内容大多是官方给的失实信息；4 月 20 日以后，各媒体陆续大量报道。

（三）语用分析

该类不实报道的信源是由政府提供的，媒体已经对报道的内容尽到了核实的义务，媒体本身没有违反新闻媒体应遵循的质准则的相关次准则。由于该类不实报道属于虚假新闻的传播范畴，尽管媒体对该类不实报道不需承担责任，但它会损害媒体的声誉。该类不实报道，也会给媒体、相关部门带来以下后果：

(1)该类不实报道会严重损害政府的信誉。

这一情况的出现，反映了当时我国的相关部门对“非典”这类突发事件的准备不足，应对措施不多；当遇到问题时，总是想“捂”，总是想“大事化小、小事化了”，没有做到实事求是。由于相关部门对发生的“非典”疫情没有及时处理，使“非典”疫情迅速扩散、失控，严重损

害了我国政府的信誉。

(2)媒体为什么会对当时的“非典”疫情集体失语?

对于像“非典”这样的疫情,属公共卫生安全领域,涉及千家万户,该类疫情报道的信源只能是国家的相关部门,没有哪个正规媒体敢轻易传播关于它们的小道消息。但是,随着疫情的扩大和蔓延,小道消息在民众中迅速传播,使人们产生恐慌心理,在部分地区还出现抢购食盐、84 消毒液、板蓝根等物资的现象。后来尽管政府出来辟谣,但纸还是包不住火。因此,媒体对“非典”前期的集体失语,是当时政府对突发疫情的应对机制不足造成的,媒体本身没有直接责任。

(四)事件点评

“非典”属于社会高度敏感的公共事件,媒体即使对政府发布的相关数据有质疑,也只能相信政府;同时,该类不实报道的生命期长,损害了媒体的公信力。从我国“非典”前期的不实报道未入选 2003 年十大假新闻可以看出,媒体的受众对该类不实报道是容忍的,没有把产生该类虚假新闻的责任归咎于媒体。

二、小结

该类事件说明,低级别媒体在转载高级别媒体的报道时,没有必要进行核实,如果出现虚假新闻,责任在高级别媒体。由于低级别媒体在转载高级别媒体的虚假新闻时,没有违背新闻语用质准则的相关规定,即使出现虚假新闻,也属虚假新闻传播范畴。当然,尽管低级别媒体在此时不必承担责任,但其媒体的信誉也会受到一定的负面影响。

本章的主要结论

本书从会话合作原则入手，尝试根据语用学合作原则的质准则原理，提出适合于新闻媒体的新闻语用质准则及其次准则。大量的实例分析显示，新闻语用质准则尤其是各项次准则的构建有助于拓展会话合作原则理论，并直接服务于新闻话语的语用分析。笔者对会话合作原则理论加以拓展的基础如下：一，美国语言学家 Horn (1998)指出，Grice 会话合作原则的价值在于它是一种描写语用推理或含义性质的、成熟的普遍理论；其二，笔者也认为，以合作原则为核心的 Grice 理论是适合新闻语体的，新闻语体的客观性、精确性和简洁性特点分别是质准则和方式准则的直接反映，而量准则和相关准则与新闻语体的其他特点也有直接或间接的关系。

有鉴于此，考虑到负面新闻的特殊语境，笔者尝试提出新闻语用质准则及其次准则。笔者通过对大量语料的语用分析(比如，对标题的解读、预设的使用等)，重点探讨对质准则的违背产生的会话意图或后果来验证该语用原则的有效性，并最终得出这样一个结论：新闻语用质准则可以用于虚假新闻特殊语境中的新闻话语研究。特别需要指出的是，利用新闻语用质准则及其四条次准则，可以很容易地把虚假新闻制造和虚假新闻传播区分开来。相关的具体结论如下：

笔者尝试运用该理论来区分虚假新闻制造和虚假新闻传播，即违背了新闻语用质准则的任何一条次准则的新闻报道，都属于虚假新闻制造的范畴。如：媒体有意制造虚假新闻或说假话；媒体报道了缺乏足够证据或证据有瑕疵的新闻，或说了缺乏根据的话；有些新闻媒体或媒体人为了牟利，通过有偿新闻或有偿不闻、有偿删帖等操作，主动挖掘被报道企业的负面新闻；还有一些媒体在转载网传消息

或在转载比其级别低的媒体的报道时，没有做到对信源进行有效的核实。这样的新闻既违背了新闻从业者的基本道德要求和相关的法律规定，也损害了媒体的公信力，应对责任人予以追究。没有违背新闻语用质准则的虚假新闻，属于虚假新闻传播的范畴，不涉及从业道德和责任人追究问题，但发布虚假新闻的媒体，其公信力会受到程度不等的损害。

第五章　新闻语用度准则及其他准则研究

上一章针对虚假新闻的特殊语境，笔者提出了新闻语用质准则及其次准则。本章首先将针对负面新闻的特殊语境提出新闻语用度准则及其次准则，而后拟通过对大量应用实例的语用分析，验证该语用准则的合理性，最后，简要勾勒出新闻语用的方式准则和相关准则。

会话合作原则的量准则关注的是话语的信息量，要求说话人应使自己所说的话在达到交谈的现时目的前提下，不能比所要求的更详细，也不能比所要求的更少，即说得不多也不少。会话合作原则的量准则若直接地用于负面新闻的语用研究，是有一定困难的。因此，我们需要对此准则做出一些调整。

如图 5-1 所示，笔者把媒体作为一方，把媒体的受众作为另一方，这样媒体和媒体的受众就构成了会话的双方。如此一来，我们就可以借鉴会话合作原则的量准则的精神，提出新闻语用的度准则，以分析媒体在做负面新闻报道时可能出现的某些问题，如媒体预设报道立场问题、媒体在新闻报道中的合理选材问题、连续播放针对某企业的负面新闻问题，以及挖掘负面新闻的正面效应问题等。

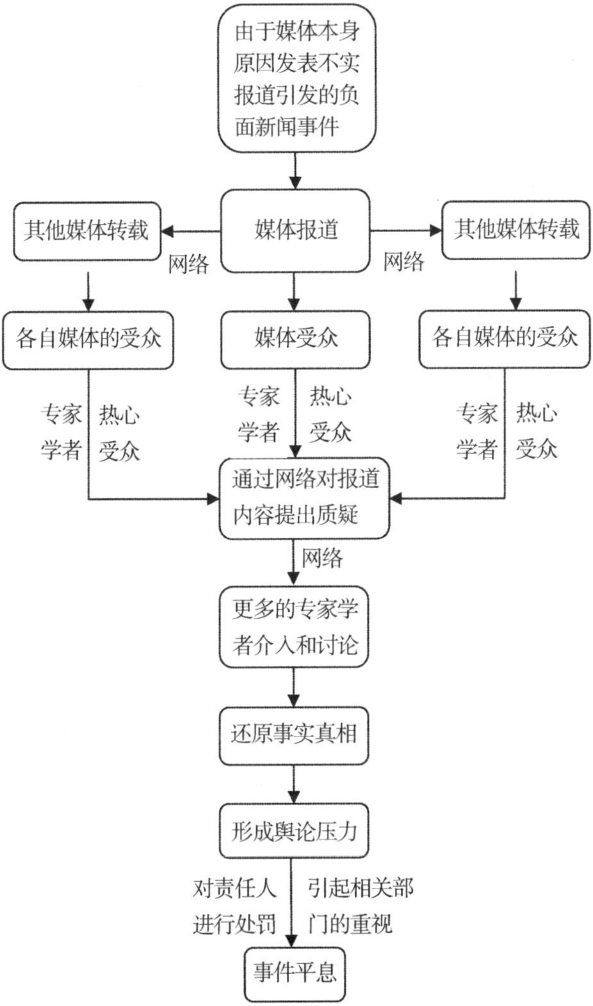

由于媒体本身原因发表不实报道引发的负面新闻事件

其他媒体转载　网络　媒体报道　网络　其他媒体转载

各自媒体的受众　媒体受众　各自媒体的受众

专家学者　热心受众　专家学者　热心受众　专家学者　热心受众

通过网络对报道内容提出质疑

网络

更多的专家学者介入和讨论

还原事实真相

形成舆论压力

对责任人进行处罚　引起相关部门的重视

事件平息

图 5-1　由媒体引发的不实报道的传播示意图

第一节　新闻语用度准则

本研究提出的新闻语用度准则要求：

媒体在发布新闻时首先要确定事件的性质，其次是应在把握事件性质的前提下对采访到的内容进行合理的取舍。

媒体在进行事件报道时，不能突破一个“度”，一旦突破“度”，媒体报道的事件的性质就会发生改变，就会出现虚假新闻，媒体就必然会因违反媒体应遵循的新闻语用度准则而承担相应的责任。

一、新闻语用度准则的第一次准则

笔者把确定事件的性质称为新闻语用度准则。该准则可以离析为多条次准则，其中第一次准则可界定如下：

媒体在新闻报道时要正确把握事件的“度”，不应预设自己的观点。

该准则在新闻语用度准则的四个次准则中是最为重要的一项。因为，如果媒体在新闻报道时把事件的性质搞错，就必然会出现虚假新闻。

媒体在对事件进行报道时，准确地确定事件的性质非常重要。对于一些如医患纠纷、房屋拆迁补偿、环境污染、食品安全、城管暴力执法等方面的案件，需要倾听当事双方的意见，必要时还要倾听执法部门对案件的定性，不能偏听偏信，要做到客观公正。对涉及的公安、司法案件，要慎之又慎，要理解公安、司法工作人员，在案件的调查、审理期间，为了案件的顺利进行，他们可能不便回答媒体的一些问题。此时，由于媒体只能听到当事一方的声音，故在报道这类消息时，媒体不能预设观点，必须客观公正地报道事件，不要妄加评论。

二、新闻语用度准则的第二次准则

新闻语用度准则的第二次准则如下：

在“度”的范畴内，媒体可以合理取舍报道事件的内容。

例如，在“佛山式文明执法事件”中，就有媒体在报道中不但对司

机的违法行为做了弱化处理，而且有所侧重地报道了执法人员在打人后否认暴力执法的事实。当事件的性质确定后，媒体就可以根据事件的性质，对报道内容进行取舍，以便突出新闻报道的主题。

三、新闻语用度准则的第三次准则

事件报道如果突破"度"，其性质就会发生质变，也可能出现虚假新闻。这样，我们就有了度准则的第三次准则：

恰当的新闻报道不能突破"度"的限制。

例如，《新快报》在对某企业进行负面新闻报道的过程中就存在着突破"度"的情况：尽管从单篇负面新闻来看，媒体的报道并没有明显的缺陷，但在短期内，媒体连续报道了多篇针对该企业的负面新闻，这对该企业的负面影响就要比单一负面新闻报道带来的负面影响大得多。

四、新闻语用度准则的第四次准则

新闻语用度准则的第四次准则如下：

媒体应尽可能地挖掘出负面新闻的正面效应。

在报道大型灾害时，除了要客观报道灾情，媒体也可以穿插报道一些与灾难做斗争的先进人物的事迹。例如，在报道汶川大地震时，除了报道一些灾情，一些灾区群众抗震自救、打通道路的消息外，还可以报道一些部队战士抢救生命的事迹，报道一些全国人民捐款捐物的消息。在报道埃博拉疫情时，除了报道灾区的疫情、灾区群众的生活、灾区的防控措施以外，还可以报道医护人员是如何帮助灾区群众与埃博拉做斗争的。在报道重大火灾事故时，可以报道消防战士是如何冒着生命危险来保护人民群众的生命安全的。

对这类灾难事件，也可以报道当地领导对灾难重视的消息，但不宜用过多的篇幅去报道指导救灾的各级领导的详细职位，如"省委书记×××到达现场了解灾情，对救灾的工作做了布置……”，没有必要说明除省委书记职位以外的其他职位，如到达现场的官员比较多，也没有必要把所有官员的所有职位都做报道。因为，发生灾难时，人们更加关心的是灾情，是灾区群众的生命安全，官员出现在现场，这是他们应尽的职责，没有必要过分地去宣传。

挖掘负面新闻的正面效应，也要适量而行，不能把负面事件当成正面事件来报道，否则，会令人反感，语用效果反而适得其反。

第二节　新闻语用度准则的实例分析

一、实例分析：违反新闻语用度准则的第一次准则

网络时代信息纷杂，有图片，有视频，有对当事一方的采访，有对周围群众的采访，但不一定是事实真相。媒体一定要采访到当事双方对事件的看法，通过对当事双方的调查，在理性判断和思考之后，确定事件的性质，揭开真相，提高公信力。

（一）实例分析：老外扶摔倒中年女子疑遭讹事件

1.事件回顾

以下语料来自 2013 年 12 月 3 日凤凰网资讯/社会/人间万象/正文：转载国际在线关于“老外扶摔倒中年女子疑遭讹”的报道。报道内容整理如下：

2013 年 12 月 2 日上午 10 时 30 分许，在北京朝阳区香河园路与左家庄东街路口，一名东北口音女子走斑马线过马路，在经过一个骑车老外旁边时突然摔倒，随即瘫软，倒地不起。外国小伙急忙下车搀扶女子，却被女子一把揪住，自称被老外撞到腿部，受伤无法行走，需要该老外负责。外国小伙大惊失色，却被女子死死拖住。在争执中

女子行走正常无恙，并死命拉扯外国小伙，造成其衣服被撕烂。随后该女子死命抱住了男子所骑车不撒手。事故造成现场交道拥堵一个多小时，女子多次瘫软抽搐，坚称被外国小伙撞倒并让其负责，外国小伙被急哭。事发不久警方赶到现场，双方前往煤炭总医院。经医生检查、X光拍摄后诊断该女子并未受伤。女子随即再度瘫软，大呼难受。最后在调解下，外国小伙不得不给1800元“医药费”，女子方才作罢，自行离开。

2.事件真相

经调查，该女子被一外籍男子驾摩托车撞倒。民警拨打“120”，将女子送医。经检查，女子伤情轻微。

3.语用分析

该报道没有正确地把握事件的“度”，预设了自己的观点，违反了第一次准则。这是因为其一，从该报道的标题就可以看出该媒体的报道是预设了以下立场的：老外没有骑车撞倒该女子，相反，他是在做好事，女子反而是在讹诈这位做好事的外国人。其二，从该媒体报道的内容来看，事件的经过被叙述成如下的故事：该女子在经过斑马线时，自己突然摔倒，恰巧此时，一名外国小伙经过此地，急忙下车扶起摔倒的女子，而女子则一把揪住做好事的外国小伙，认定是小伙撞的，小伙最终被讹1800元。显然，该篇报道与北京警方的调查结果相反。媒体在预设自己的观点时，一般都会多说对自己观点有利的话。下面就该媒体在报道时如何预设自己的观点进行分析。

（女子）在经过一个骑车老外旁边时突然摔倒，随即瘫软，倒地不起。

这实际上是该女子在过斑马线时被骑车的外籍男子撞倒的。可见，媒体在调查时，不能只听当事一方的言论，要兼听则明。如果双方的说法不一，可以借助警方的调查结果。在调查结果出来前，不应给出自己的预设结论。

外国小伙急忙下车搀扶女子，却被女子一把揪住，自称被老外撞到腿部，受伤无法行走，需要该老外负责。

该媒体在写这句话时，对老外的描写用的词是“外国小伙”“急忙搀扶”，而对被撞的女子用的词则是“一把揪住”“自称”“需要该老外负责”。可见，该媒体本来的报道意图就是要把肇事方描写成“见义勇为的好人”，而把被撞的女子描写成“碰瓷的”，其目的至少是商业性地“抓住受众的眼球”。

外国小伙大惊失色，却被女子死死拖住。在争执中女子行走正常无恙，并死命拉扯外国小伙，造成其衣服被撕烂。

该媒体在写这句话时，对肇事方用的词是“大惊失色”；对被撞的女子用的词是“却”“死死拖住”“在争执中女子行走正常无恙”“死命拉扯”“造成其衣服被撕烂”。可见肇事方在这里被描写成“非常无助者”，而被撞的女子却被描写成“恶妇”。这明显地带有预设。

随后该女子死命抱住了男子所骑车不撒手。

这里对被撞女子用的词是“死命抱住”“不撒手”。这就把被撞的女子描写成了一个赤裸裸的“碰瓷的无赖”。

经医生检查、X光拍摄后诊断该女子并未受伤。

这样的表述显然与该女子经医生检查，受了轻微伤的结论严重不符。可见，该媒体试图向受众传达的是这样的意图：“碰瓷”的人根本没有受伤，她的所作所为都是为了讹诈做好事的外国人。

外国小伙不得不给1800元“医药费”。

此处对肇事方的用词是“不得不”“给1800元”“医药费”，好像外国小伙是个“冤大头”，非常无辜。可实际上，他才是该起交通事故的肇事方，赔医药费、误工费等是理所应当的。

由此可见，媒体在抢先发消息时，一定要确保所发消息的真实

性。如果媒体不能确定事件的性质，在报道时，也不能预设立场。此时，可以把事件做中性处理，等到警方确认后，再加以评论。

该事件中，由于该媒体对事件的性质没有调查清楚，仅凭几张照片和一些传闻，就预设了媒体的错误观点，违反了第一次准则，导致了虚假新闻。这一方面使被撞的女子的声誉受到损害，另一方面也使该媒体的信誉受到损害。该虚假新闻最终入选 2013 年十大假新闻，存在以下言外之意：

(1)现在社会上存在着做好事被讹这类不正常的社会现象。

尊老爱幼、乐于助人是中华民族传统美德，但近些年来，我们的社会上也出现了一些不和谐的社会现象。比如，媒体就经常报道有一些老人在自己摔倒后，临时起意，讹诈那些帮助者的情况，这让做好事的人极为伤心。该报道也是从另一方面提醒做好事的人，在搀扶老人或救人前，要先保留好证据——照片、证人、证言、录音或录像等，再对他人展开施救，免得出现做好事反而引起不必要的麻烦并经受不必要的经济损失这类令人沮丧的情况。

(2)外国人的素质比我国公民高。

在该案例中，骑车的外国人在看到女子摔倒时，没有丝毫的犹豫，立即下车去扶女子。一般来说，北京上午过马路的人都比较多，女子摔倒时，周围一定也有很多中国人，但他们不敢扶，而该外国人，一点儿都没有犹豫，就去扶起女子，这种助人为乐的做法，值得国人学习。

(3)该事件可能引发外交事件。

该报道认为，疑似碰瓷的女子碰瓷都碰到国际上了，丢了中国人的脸。该报道既揭露了在我国存在碰瓷这种事件，又间接地向受众表明，该事件可能引发外交事件，丢国家的脸。

4.事件点评

媒体在事件的事实被调查清楚前，不应预设报道立场，对于有双方或多方参与的事件，媒体一定要兼听各方的意见。对事件性质一时无法确定的纠纷，要尊重警方的意见；在警方下结论以前，不能偏听偏信，要做到审慎均衡地报道。这里所说的“审慎”是指报道一定要客观；“均衡”是指要倾听各方的意见，包括警方的意见。媒体不能想当然，不能预设自己的观点，否则就有可能违反新闻语用度准则的第一次准则。

（二）实例分析：央视《新闻 1＋1》播出的《一位退休检察官的自我举报！》事件

1.事件回顾

2014 年 11 月 21 日，央视《新闻 1＋1》播出了《一位退休检察官的自我举报！》的新闻调查。“退休检察官”孟某某通过向最高人民检察院举报自己曾办错案的方式，推动高尚挪用资金一案的刑事再审案件在安徽省高级人民法院开庭审理。

2.事件真相

高尚挪用资金一案引起了社会的广泛关注。2014 年 4 月 8 日，安徽省法院决定对高尚挪用资金一案提起再审。再审的结果为：维持二审的有罪判决，对部分判决结果进行了改正。

3.语用分析

央视《新闻 1＋1》在对该起案件进行报道时，竟然在案件真相没有确定的情况下就预设了自己的立场，做出了有利于被告的新闻报道。这种报道没能做到审慎、均衡，违反了新闻语用度准则。其一，该事件被炒得沸沸扬扬的原因在于其中有几个很有吸引力的词汇：“退休检察官”“举报自己办错案”“领导说的无罪也要起诉”“根本就是一个错案”。其二，央视没能搞清楚“退休检察官”和检察官的区别，检察官是代表检察院的，检察官退休后，就不是检察官了，他只能代表他自己。其三，由于案件已重新进入司法程序，对该案件存在的

疑点，安徽省人民检察院没能及时地回应，也是造成了央视采信被告一方言论的原因。其四，央视没有说明该案件是一件什么性质的案件，市领导为什么会“干预”。事实上，这是一件群众购房集资款被挪用，有可能发生群体性事件的案件。由此可以看出，央视《新闻1+1》在没有弄清事件真相的情况下，做出了有利于被告的新闻调查，给当地法院造成了巨大的压力。

此外，该篇报道还存在以下几个方面的语用问题：

(1)没有能把握事件的性质，偏听偏信，更有没有做到审慎均衡地报道，违反了新闻语用度准则的第一次准则。

媒体在报道司法案件时，要非常慎重，要尊重司法判决结果；在判决结果出来前，不能先入为主，给司法工作施加压力；要公正地报道司法案件。该案的再审结果维持了二审的有罪判决，纠正了二审的判决结果中存在的瑕疵。那么，央视对该起案件的报道为什么会与真相有如此大的差异呢？笔者认为，这是因为案件已进入再审，有关检察机关不能对央视的新闻调查做出回应，而央视则采信了“退休检察官”和案件当事人的话，预设了自己的立场，即这是一起领导干预司法的案件，推定该案件会得到平反。于是，节目主持人在节目采访中说了很多同情和鼓励“退休检察官”的话。可见，该媒体没有能很好地把握事件的性质，预设了自己的立场，违反了第一次准则。

(2)该媒体在报道时使用了一些“华丽”、吸引人眼球的词语。

在该案中，由于涉及群众集资款被挪用，为了避免由此引发的群体性事件，相关领导予以关注是没有问题的。在该报道中，媒体引用了以下词语：“退休检察官”“自己举报自己”“无罪也要起诉”“领导的意见”“有市领导干预”等，给人的感觉是这好像是一起冤假错案，应得到平反。然而，从案件“维持原判”的再审结果来看，媒体预设的观点是错误的。该案件也给媒体提了个醒，在司法案件做出最终的判决前，不要被人利用，不要想通过舆论去影响司法案件的审判结果，要相信法律是公正的。

(3)该媒体模糊了检察官与“退休检察官”的话语权力的差异。

一般而言，检察官所说的话，其可信度是相当高的，在某种意义上他们的话甚至是可以代表检察院的；而“退休检察官”已经不是检察官了，他的话已不能代表检察院，只能代表他自己，其说话的可信度就要大打折扣。在该案中，“退休检察官”孟某某在再审结束后，仍然不能区分“存疑不起诉”与“无罪不起诉”的法学概念。该媒体在没有调查清楚检察院对该事件的解释的情况下，便采信了孟某某的话，预设了自己的观点，违反了第一次准则。

(4)媒体不应对法院判决施加舆论压力。

由于央视《新闻 1+1》在该案的再审前，进行了有倾向的新闻调查，广大电视观众和网民都表达了对该案件的关注，对“退休检察官”举报自己的行为表示支持，对无罪也要起诉的行为表示愤慨，对领导的无端干预表示气愤。这样，央视的报道，再经网络的发酵，就给当地法院的再审造成了很大的舆论压力。当然，央视《新闻 1+1》的报道也间接地发挥了敦促司法单位提高办案质量的效果。

该报道也包括如下言外之意：其一，原法院的判决不严谨，存在部分瑕疵，给人翻案留有话柄；其二，当时的检察官孟某某尽管发现判决书有缺陷，也没有出面干涉，没有尽到公诉人的责任；其三，检察院在该案的抗辩过程中，内部意见没有统一，没有对该案的性质进行深入的讨论，没有做到办案人员意见统一后再抗诉。

4.事件点评

央视《新闻 1+1》报道对此案件的预判失误，损害了其信誉。媒体要区分在职检察官和“退休检察官”话语的“含金量”，不能因为案件的瑕疵就全盘否定案件的性质。

(三)小结

在对一些事件的报道中，特别是涉及医疗、司法等案件时，要倾听当事双方或多方的说法，不能只听信当事一方的说法，不能因为当事一方拒绝回答媒体的提问，就想当然地认为他是错的。因此，在搞清楚案件的事实前，媒体不应预设立场，要做到审慎均衡地报道。

二、实例分析：新闻语用度准则的第二次准则的实际应用

(一)实例分析："佛山式文明执法事件"

1.事件回顾

该事件的回顾在第三章已有交代，在此不再赘述。

2.事件真相

该事件的真相在第三章已有交代，在此不再赘述。

3.语用分析

2013 年 3 月 25 日，央视《今日说法》的节目《佛山货车司机被打事件调查》重点曝光了执法机关的暴力执法过程以及官员在媒体面前说谎的画面，而对司机的驾车逃逸行为仅仅是一笔带过。这就是合理地运用了新闻语用度准则的第二次准则。首先，记者获得了该涉事车辆的行车记录仪的视频，还原了事件真相，确定了暴力执法现象的存在，证明了官员在媒体发布会上说了假话。其次，涉事司机在执法人员让他停车接受检查时，虽存在驾车逃逸的行为，但执法部门的暴力执法与政府官员在媒体见面会上发布虚假信息所导致的危害，远大于司机的逃逸行为。

《今日说法》的做法给我们带来了如下值得进一步思考的问题：

(1)官员在新闻发布会上公然说假话的底气从何而来(换言之，为什么佛山市相关执法部门敢开媒体见面会否认暴力执法)?

在媒体见面会上公开说假话可能带来什么样的后果，对此政府

官员是心知肚明的。问题就在于，他们为什么还要明知故犯呢？这是因为，他们虽然知道事件的真相，但如果承认是暴力执法事件，将会在社会上产生极为恶劣的影响。于是，他们就采取了否认真相的做法，不仅在媒体见面会上全盘否认暴力执法，还谎称该执法是文明执法。

为了能够更为有效地说明问题所在，这里先分析一下执法部门所掌握的证据。

其一，人证方面：由于货车司机只有他自己一人，而执法人员包括交警、路政执法、查超办等多部门的人，只有司机说被打了，执法部门的人都违心地否定暴力执法。由此可见，从人证的角度来看，形势对涉事司机是不利的。

其二，涉事司机的伤情证据：尽管司机有外伤，但无法证明该伤是由执法部门造成的。换言之，司机的伤势仅能用以说明执法部门有暴力执法的嫌疑，但无法对此做出直接的认定。

其三，行车记录仪提供的证据：由于该记录仪已被交警收缴，所以证据在交警处，媒体无法获得。

其四，涉事地附近的高速监控：由于调监控的权力在交警，其他人无法获得。

由此，我们可以看出，尽管执法部门掌握了涉事车辆的行车记录仪及涉事地附近的高速监控视频等实际证据，但他们不予提供，他们仅用执法人员的说法来否认暴力执法。虽然执法部门的说服力不强，但媒体也很难辩驳，因为媒体拿不到实际证据。这也许是执法部门敢于在媒体见面会上公开说假话的原因所在。

(2)如何才能避免类似事件的发生？

该事件留给我们的另一个值得思考的问题是如何才能避免类似事件的发生。举证倒置显然是一个很好的办法。首先，执法人员应配置执法记录仪。因为在科技发达的当今社会，执法部门完全有能

力、有责任对执法过程予以记录，这既是对相关涉事者的威慑，也是对执法人员的保护。其次，警方有责任、有义务提供相关高速监控视频，为还原事件真相提供依据。不能因为事件真相对警方不利就拒绝提供监控视频。再次，警方不能私自扣留涉事车辆的行车记录仪。如果警方刻意损坏或拒绝提供涉事车辆的行车记录仪中的证据，就可以认定执法部门在执法的过程中存在问题。要让大家明白，任何人刻意毁灭证据，都会让自己陷入不利的局面。

(3)执法人员暴力执法与官员发布虚假信息的危害有无程度上的差异？

尽管我们不希望出现暴力执法事件，但是，由于种种原因，各地还是出现了一些暴力执法事件。当出现暴力执法时，政府的相关执法部门一般有两种解决方法：一是积极地查处，消除不良影响；二是发布虚假信息，有意掩盖事实，企图蒙混过关。显然，发布虚假信息带来的消极影响可能更大。因为，暴力执法只涉及执法部门的工作行为，而官员在新闻发布会上发布虚假信息，涉及政府的诚信，会损害政府的公信力，因此，政府发布虚假信息的危害远远大于暴力执法事件本身。

4.事件点评

媒体在获得事件真相的前提下，可以根据需要，对事件中的次要部分做出少说、略说等处理，而对事件的重要部分则可多说、详说，以突出事件报道的主题。在对该事件的报道中，对涉事车辆为什么会超载、涉事司机与货主间的关系、超载的具体行进路线、被执法部门发现后的逃逸行为等说得都很少，甚至不说，但对暴力执法过程、政府官员在媒体见面会上发布虚假信息的行为等，进行了详细的解说，这完全符合上文所界定的第二次准则。

三、实例分析:违反新闻语用度准则的第三次准则

(一)实例分析:《新快报》记者陈某某连续发表针对中联重科的失实报道事件

1.事件回顾

《新快报》记者陈某某在《新快报》上连续发表 14 篇署名的针对中联重科的负面报道,致使中联重科的声誉严重受损,导致广大股民损失惨重。

2.事件真相

该事件为《新快报》记者陈某某炮制出来的失实报道。在此期间,陈某某多次收取他人提供的"酬劳",涉嫌有偿新闻。

3.语用分析

语言表达很重要,转述和非转述,完全不是一回事。

陈某某在新闻报道中的很多话是转述,他自己说的都不一定是真的,更何况是转述。更有甚者,有些话语不止转述了一次,甚至很多次,原始意义在诸多的转述过程中渐行渐远。转述有预设立场的问题:他的要点是什么,他是站在什么角度。新闻报道中的转述,往往由于转述者事先就已预设好立场,所以存在着诸多不确定性,不能作为我们判断事件真假的依据。

在连续发表针对中联重科的大量失实的负面报道中,记者及其所在媒体显然都负有不可推卸的责任:他们不仅违反了新闻语用度准则的第二次准则,也违背了新闻语用度准则的第三次准则。媒体在报道某企业的负面新闻时,要以事实为依据,不能有意突破事件的"度",否则,会给媒体的信誉造成损害,产生虚假新闻。而陈某某有意、连续地发表关于中联重科的负面报道,且有部分报道失实,没有做到客观报道,所发文章突破了事件的"度",给中联重科和股民造成

重大损失。这就给受众带来以下的言外之意。

(1)向受众暗示:被曝光企业肯定有问题。

Allan Bell(1991)认为,新闻工作者写的不是文章,而是带有自身结构、顺序、观点和价值的故事。这些观点通过语篇的明示信息或隐含信息表示出来。梵・迪克(2003)认为,“和其他话语类型一样,新闻也有许多隐含在字里行间的意义”。大多数信息由语言使用者隐含在文本中,这种隐含的信息可能在文本中得到暗示。

一个媒体在不到一年的时间里连续发表14篇针对中联重科的负面报道,涉及中联重科存在的国有“资产流失”“畸形营销”“销售和财务造假”等多项问题。同时,在2013年的6—7月,陈某某先后对中联重科进行实名举报,尽管未查出实质问题,但对中联重科的名誉也造成了相当恶劣的影响。因此,读者通过陈某某针对中联重科的连续负面报道,通过他的如“流失”“畸形”“造假”等带有明显贬义色彩的词,可以明显地感觉到陈某某的观点或目的带有明显的倾向性,那就是:中联重科可能存在诸多问题。

(2)显示该报业对陈某某的工作能力的信任。

陈某某能在《新快报》上连续发表负面报道,应该说该报对陈某某的工作能力是信任的,对被曝光企业存在的问题是清楚的,对由中联重科的竞争对手提供的举报中联重科的材料是知情的。涉事企业在被曝光后,肯定会在第一时间和该报进行交涉。针对某一企业连续的负面报道,显然是该报所报道的篇幅过多,违反了新闻语用度准则的第三次准则。因为媒体既不是相关管理部门,也不是执法部门,没有必要盯着某一具体事件不放,而应该把自己得到的相关证据提供给相关管理部门和执法部门,让他们去处理。因此,如果该报在对某一企业做的连续负面报道中存在虚假报道,则该报业与相关企业之间的纠纷是脱不了干系的。

(3)该报为了吸引读者的眼球。

报道中的很多举报内容是中联重科的竞争对手提供给《新快报》的，尽管这种举报内容的专业性很强，但其真实性却是值得商榷的，而且，该报对针对某一企业连续发表负面报道的风险应该是清楚的。那该报为什么还要这样做呢？笔者认为，其目的显然是为了吸引读者的眼球，提高该报在行业中的地位，提高发行量，以便获得更大的商业利益。

4.事件点评

陈某某在不到一年的时间里，先后发表十余篇针对中联重科的负面报道。媒体无论在发表正面还是负面报道时，都需要以事实为根据，而陈某某在所发表的十余篇针对中联重科的负面报道中，只有部分稿件是在其安排其他人采访后完成的，其余都是由他人提供的现成文稿。媒体在发表影响到他人直接利益的负面报道时，应该有严格的把关制度。在该事件中，该媒体在连续播报某企业的负面报道时，没有执行严格的审核制度，让陈某某钻了空子，产生了虚假新闻，给媒体造成了负面影响；同时，陈某某本人也因捏造并散布虚假消失，给中联重科造成重大损失，涉嫌损害商业信誉罪，被刑事拘留。

(二)小结

媒体对某企业进行负面报道的“度”一定要控制好，如果不涉及重大事件，能使涉事企业认识错误、改正错误即可，媒体应避免与涉事企业死缠烂打，而要发挥自身的舆论监督作用，相信相关职能部门会及时介入调查。媒体在报道这类事件时，一定要注意报道的“度”，不能超出“度”的范围，否则，就会发生质变，事件的性质就会产生变化。

四、实例分析:新闻语用度准则的第四次准则的实际应用

(一)实例分析:发生在2008年南方地区的雪冻灾害

1.事件回顾

2008年1月起,南方遭遇雪冻灾害。党和国家主要领导人都亲临灾区现场。

2.语用分析

媒体在报道灾难事件的过程中,主动挖掘具有正面宣传价值的内容,既可以鼓舞灾区群众抗灾、减灾,同时可以反映出全党和全国人民众志成城、抗击灾难的信心,是媒体报道的亮点。多报道一些此类具有正能量的新闻,完全符合新闻语用度准则的第四次准则。例如,在本次雪冻灾害中,媒体既大量地报道了灾区群众与灾害做斗争的具有正能量的新闻,如广大电力、通信、交通、公安等部门的干部群众奋力抢险的场面,还报道了有20多万人次的中国人民解放军参与了抗灾,并展示了诸多的感人场面,报道了许多在抗灾中涌现出的先进事迹。因此,媒体的做法符合新闻语用度准则的第四次准则。

媒体在此次灾难事件中,主动挖掘灾难事件中的正能量,给我们带来了如下的启示:

(1)党和政府对战胜灾难的信心。

在重大灾难面前,在党中央、国务院的统一部署和领导下,灾区的各级党委、政府积极投入抗灾工作,领导灾区群众进行抗灾自救。在此次雪冻灾害中,党和国家领导人在第一时间里做出了重要指示,国务院领导人还亲临现场,指挥抗灾抢险,同时党中央还调动大量的部队参与抗灾。

(2)人民子弟兵是战胜重大灾难的中坚力量。

党和政府调动了大量的军队投入抗灾的第一线,可以说,在重大灾难来临时，人民子弟兵是抗灾抢险的中坚力量，哪里有危险，哪里就有我们的子弟兵。在此次雪冻灾害中，中国人民解放军共出动20多万人次参与抗灾抢险，对取得此次抗灾抢险的胜利起到了决定性的作用。

(3)媒体是党的喉舌。

在重大灾难事件中，媒体不仅需要对灾情进行及时、客观、准确的报道，还要尽可能多地挖掘负面新闻的正面效应，这不仅可以减轻灾区群众的恐惧心理，还可以指导灾区群众进行抗灾减灾、生产自救，甚至还能够激发全国人民众志成城、抗击灾害，做到一方有难，八方支援。

3.事件点评

在报道灾难事件时，除了要做到及时、准确地报道灾情外，还要及时报道相关领导人对灾难的关怀、解放军参与救灾的消息、当地群众是如何自救的，以及全国人民是如何关心的，同时，还可报道一些在抗灾过程中涌现出的英勇事迹。这些正面宣传，对鼓舞灾区群众与灾难做斗争有相当大的舆论导向价值和十分重要的政治启发意义。

(二)实例分析：汶川大地震新闻报道

1.事件回顾

2008 年 5 月 12 日发生了汶川大地震。在本次地震中，解放军等投入救灾力量数十万人，最终从废墟中救出 8 万多人。

2.语用分析

关于汶川地震的新闻报道挖掘并宣传了大地震中的正能量事件或信息，充分体现了“地震无情人有情”这一优秀的中华民族精神，符合媒体报道的新闻语用度准则的第四次准则。因为，其一，媒体在报道汶川大地震时，除了报道灾情、灾区群众自救外，还重点报道了党和国家领导人对灾区人民的关怀，以及解放军战士和医护人员等在

抢险救灾等方面发挥的巨大作用。其二，媒体报道了很多全国人民众志成城、捐款捐物的场面；报道了许多可歌可泣的先进事迹。对于这一重大的灾难性事件，媒体挖掘出了众多具有正能量的新闻。

这些成功的新闻报道给我们带来的启示是：

(1)发掘负面新闻中的正面效应可以提升灾区人民生产自救的信心。

当大地震发生后，大批房屋倒塌，大批人员伤亡，灾区群众极易恐慌。媒体的正面宣传一方面可以激发灾区群众与灾难做斗争的信心；另一方面，可以让全国人民及时了解灾情，让全国人民众志成城、团结奋斗、战胜灾害。因此，在发生大的灾难时，媒体多报道一些正面新闻，不仅可以调整灾区群众的恐惧心理，还可以激发灾区群众战胜灾难的信心。

(2)突显负面新闻中军人的事迹可显示军队在重大灾难中的作用。

媒体对中国人民解放军在抗震救灾中的感人事迹的正面报道，不仅体现了人民解放军主动担负保家卫国的神圣使命，还体现了在国家发生重大灾情时，人民军队总是发挥不怕牺牲、冲锋在前的高尚精神。多报道一些部队在抗震抢险中的英勇事迹，不仅可以激发灾区群众战胜灾害的信心，还可以弘扬人民解放军为了人民的利益，不怕牺牲、排除万难的精神，彰显了我们的军队是听党的话的军队，是有战斗力的军队。

(3)报道显示了在党的领导下，全国人民众志成城、抗击地震的信心。

在抗震救灾的后期，媒体主要报道灾区群众在党的领导下，与全国人民一起，众志成城、恢复生产、重建家园的新闻。这样的报道可以体现党在领导全国人民战胜自然灾害中的作用。

3.事件点评

汶川大地震的灾情牵动着每一个中国人的心，媒体对该灾难事件进行及时、客观、准确报道的同时，又引入了大量的正面宣传，挖掘了许多具有正能量的新闻，鼓舞了灾区群众战胜困难的信心和决心。因此，在灾难事件的报道中，多挖掘一些事件中的正面效应，是媒体报道的重点，完全符合新闻语用度准则的第四次准则。因此，人们对媒体在汶川地震报道中的表现是满意的。

（三）小结

媒体在报道诸如汶川大地震这样的灾难事件时，一方面，要如实报道灾情，让老百姓对灾情有充分的认识；另一方面，也要报道全国人民众志成城、抗击灾难的场景。虽然这些灾难的发生是负面新闻，但媒体在报道时，要及时地挖掘出负面新闻中的正面效应，鼓舞全国人民的斗志。

第三节　新闻语用方式准则

媒体在发布新闻时，要遵循新闻语用方式准则，即笔者所界定的：媒体说话或发布信息时要简明。它关注的是媒体所提供的话语或信息是否清楚、明白，包括四条次准则。①

一、新闻语用方式准则的第一次准则

笔者认为，新闻语用的方式准则首先要达到如下要求：

说话要简明，要直截了当，要直奔事件的主题，不要拐弯抹角。

---

①负面新闻的报道既有书面形式，也有口头形式。故它不仅涉及记者的书面表述，有时也涉及官员在新闻发布会上及接受相关采访时的话语。因而，笔者认为，媒体的报道是个宽泛的概念，它不仅包含记者，也包含官员及其他相关人士的口头和书面话语。

笔者将以上要求称为新闻语用方式准则的第一次准则。

有些媒体在发布信息时，说话故意弯弯绕绕，故意把话题扯得很远，这说明它其实是有意误导。例如，在“佛山式文明执法事件”中，张局长就执法人员有没有殴打司机所给出的自己的看法。

应该说，一般情况下，张局长的判断应该是没问题的，但是在暴力执法事件发生后，司机已被120送往医院救治，并向媒体公布了伤情和被执法人员殴打的经过，而张局长没有去调阅相关的监控视频，故意把话题扯得很远，就是有意误导媒体，想让媒体相信他们没有暴力执法。张局长的话违反了方式准则的第一次准则。

二、新闻语用方式准则的第二次准则

笔者把方式准则的第二次准则界定如下：

媒体应避免说有歧义的话语。

例如在后文将要述及的“红水污染事件”中，红豆煮饭水变红和当地地下水因污染变红，明明是两件根本不同的事，但当地环保局邓局长用“红豆理论”来解释当地地下水变红的污染问题，涉嫌故意误导受众，逃避应负的责任。而从语用的角度看，邓局长说了有歧义的话，违反了方式准则的第二次准则。

三、新闻语用方式准则的第三次准则

笔者把新闻语用方式准则的第三次准则界定如下：

媒体说话不要说官话、套话。

例如，在哈尔滨市道外区太古街727号库房火灾的通报中，记者过分强调上级领导的重视。其中，点名提到各级领导9人，提到省厅部门6个负责人，约占通告篇幅的44%。领导重视可以提，但是像这样一个伴有众多消防战士伤亡的恶性火灾事件中，用44%的篇幅来写上级领导的重视，就让人觉得特别的反感，是典型的官话、套话，违反了方式准则的第三次准则。

四、新闻语用方式准则的第四次准则

最后，笔者把方式准则的第四次准则界定如下：

媒体说话要有条理。官员在应对媒体时，应根据事件的轻重缓急，有条理、有重点地介绍，不能东拉西扯。

例如，在江西决堤事件中，平主任在接受央视主持人的电话采访中，在介绍灾情时，没有介绍有多少人因决堤而受灾、灾区群众有没有安全转移、灾区群众的生活如何等问题。相反，平主任把介绍的重点放在该堤决堤的历史沿革上，放在介绍领导的重视上。平主任的话违反了方式准则的第四次准则。

第四节　新闻语用相关准则

媒体在发布新闻时，要遵循新闻语用相关准则：媒体说的话语或发布的信息要与事件的主题相一致。

相关准则关注的是媒体提供的信息是否与事件的主题相关。例如，在“佛山式文明执法事件”中，岑队长对司机的描述（S_9）。岑队长说的内容本身可能是事实，但此司机非彼司机。他说了与该事件不相关的话，违反了新闻语用相关准则。

本章的主要结论

在第五章，笔者在借鉴Grice会话含义理论精髓的前提下，通过分析负面新闻事件，提炼出了新闻语用的诸准则及其次准则。笔者首先从Grice合作原则的量准则入手，分析了Grice合作原则的量准

则直接用于指导新闻媒体的不足，并进而提出了新闻语用度准则及其四条次准则。而后，笔者针对新闻语用度准则及次准则展开了应用实例分析，以验证笔者所提出的各项假说的有效性。最后，笔者简单阐释了新闻语用的方式准则和相关准则。

笔者认为，其一，在对某些事件的报道中，特别是对涉及医疗、司法等案件展开报道的过程中，媒体一定要倾听当事双方或多方的说法，不能只听信当事一方的说法。不能因为当事另一方拒绝回答媒体的提问，就想当然地认为他是错的。尤其是媒体在报道此类事件时，要首先确定事件的性质；在搞清楚案件的事实前，媒体最好尽量避免使用带有主观色彩的词语如“承认”等来预设自己的立场，相反可以用一些中性词语如“说”等来代替。笔者把媒体不预设立场，审慎均衡地报道，称为新闻语用度准则的第一次准则。

其二，当事件的性质确定后，为了突出事件的主题，媒体可以根据实际需要，对采访的内容做合理的取舍。而在事件性质得以确定的前提下才对采访内容做出合理的取舍，即是笔者所说的新闻语用度准则的第二次准则。

其三，媒体对某企业进行负面报道的量一定要控制好，如果不涉及重大事件，能使涉事企业认识错误、改正错误即可；应避免与涉事企业死缠烂打，要发挥媒体的舆论监督作用，要相信相关职能部门会及时介入调查。媒体在报道这类事件时，一定要注意报道的“度”，不能超出“度”的范围，否则，就会发生质变，事件的性质就会产生变化，就会违反新闻语用度准则的第三次准则。

其四，媒体在报道诸如汶川大地震这样的负面新闻时，一方面要如实报道灾情，另一方面也要报道全国人民众志成城、抗击灾难的场景。此外，媒体在报道时，也要及时地挖掘出负面新闻中的正面效应，以此鼓舞全国人民的斗志。

第六章　语用实践
——以负面新闻报道中的官员话语为例

本章将前几章建立起来的理论观点延伸到新闻话语的分析过程中，将以负面新闻报道中的官员话语为主要分析对象，尝试运用新闻语用的质准则、度准则及方式、相关准则，就官员话语中的相关语用现象展开尽可能细致深入的分析，以展示笔者提出的新闻语用准则体系对负面新闻话语研究的价值。

第一节　实例分析：江西决堤事件

一、事件回顾

2010年6月21日18时30分左右，江西省抚州市临川区唱凯堤临山河峡段发生决堤，10多万群众的生命财产受到洪水威胁，从中央领导到全国人民都时时牵挂着。平主任却在直播中念起了领导名单和“重要指示”。

二、事件分析

央视主持人询问决堤情况，平主任先介绍决堤的时间、地点，然后介绍了决口的宽度，约占平主任本次电话采访中说话总字数的

11%；接着介绍唱凯堤的重要性，约占其此次说话总字数的6%；再介绍此堤历史上曾多次决堤，约占其此次说话总字数的15%；接着开始介绍江西省委书记、省长及国家防总副总指挥兼水利部部长、国家防总秘书长兼水利部副部长、江西省防总副总指挥兼水利厅厅长的“重要指示”，提及省委书记3次，省长2次，水利部部长、副部长及省水利厅厅长各1次，约占其此次说话总字数的36%；在主持人第二次打断并询问下游的群众有没有转移后，平主任才开始介绍应对措施，约占其此次说话总字数的32%。官员在回答这样的电视采访问题时，应该秉持观点鲜明、重点突出、直截了当、意尽言止的态度，而平主任回答主持人关心的问题，约占总字数的43%；介绍唱凯堤的重要性和决堤历史，约占总字数的21%；介绍上级领导的重视，占总字数的36%左右。对于这样的回答，电视观众显然是不满意的。

这些官话若放在电视直播这样特殊的语境下，让我们觉得特别的刺耳。因为平主任接受央视现场直播的电话采访，实际上充当的是政府新闻发言人的角色，如果不能给出关于本次灾情的一手信息，他就不该接受采访。江西的本次汛情是从2010年6月13日开始的，发生堤坝决堤的时间是21日18时30分，接到央视要进行电话采访的通知的时间是21日22时，采访时间是21日23时42分，距离汛情开始已有8天时间，距离堤坝决堤已有5个小时，电话采访的准备时间是1小时42分。作为当地防汛部门的官员，如果连关于此次灾情的基本数据都没有收集到，就不应该接受现场直播的电话采访。江西决堤事件的经过如图6-1。

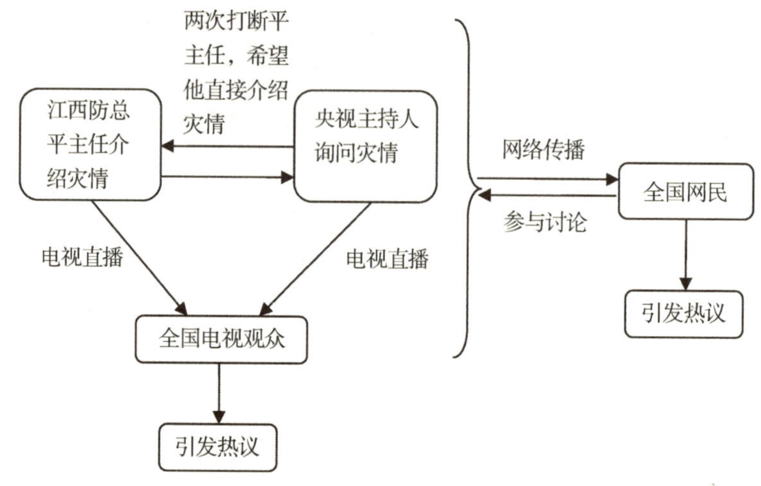

图 6-1　江西决堤事件的经过

三、主持人与平主任的对话

以下语料来自 2010 年 6 月 21 日晚央视《24 小时》节目主持人电话连线江西防汛抗旱总指挥部办公室副主任平某某的采访录音（有调整）：

主持人：平主任你好。

平主任：主持人你好。

主持人：R_1 这个唱凯堤它是位于抚河的一个什么位置？这一次决口的面积有多大？

平主任：S_2 唱凯堤是位于江西省抚州市临川区唱凯堤临山河峡段，今天 18 时 30 分溃口，缺口宽度 60 米，后来逐步加大到 100 米。S_3 这个唱凯堤是我们省 10 万亩重点围堤之一，保护 12 万亩农田，保护了 10 多万人。S_4 这条堤由于土质非常差，历史上曾经多次决口。1949 年决口 39 处，1952 年、1973 年、1982 年三次决口。1998 年再次发生大洪水，唱凯堤缺口由于堵口及时没有决堤。S_5 针对这次溃

口，省委书记、省长非常重视，多次打电话指示，书记当机提出了六条指示，最主要的就是要求我们全力以赴，不惜任何代价保护好群众生命安全。

主持人：R_6 这是应该的，请你告诉我这个缺口的面积有多大，据你了解。

平主任：S_7 目前 100 米宽度。

主持人：100 米宽的缺口。

平主任：嗯，对。

主持人：R_8 那现在这个下游地区的群众是不是会受到威胁，如果会的话他们目前有没有得到安全转移。

平主任：S_9 刚讲了书记很重视，省长呢第一时间赶到了指挥现场，也做出了重要指示。S_{10} 那么我们及时组织力量，一方面再继续上堤巡查，另一方面转移人口。S_{11} 那么国家防总副总指挥、水利部部长也做出了重要指示，正在江西指导抗洪抢险的国家防总秘书长、水利部副部长，在第一时间赶赴事故现场，我们省防总副总指挥、省水利厅厅长带领水利专家赶到了现场抢险，并请……

主持人：R_{12} 嗯嗯，平主任，我是非常想了解咱们下游群众现在有没有得到及时的通知转移。

平主任：S_{13} 溃口之前……溃口一发生，当地积极组织群众——危区的群众进行转移，那么一方面转移，一方面进行堵口。目前我们已经调了军区武警等和水利专家 1000 多人赶赴现场，国家防总也调拨了橡皮艇、冲锋舟、应急灯。我们今天晚上 21 时 30 分启动了一级防汛应急响应。

主持人：R_{14} 非常感谢你们的及时出动，我的问题问完了，谢谢！

四、语用分析

(一)语境

背景:江西发生决堤事件,10多万群众的生命财产受到威胁。

时间、地点、人物:2010年6月21日23时42分,央视《24小时》直播现场的电话采访;采访人:央视主持人邱某某;采访对象:江西防总办公室副主任平某某;受众:全国电视观众。

采访话题:汇报实际灾情和灾区群众的转移情况。

(二)语用分析

主持人用R_1简明扼要地询问灾情,没有问题。

S_2介绍了发生决堤的时间、地点和决口的宽度,没有问题。

S_3介绍这个水堤的重要性,尽管电视观众可以根据这个重要性去反推本次灾情的严重程度,但平主任的话语没能做到说话要简明、直接;S_3没有直接介绍下游有多少万亩农田将毁于一旦,有多少群众将受灾,有多大财产损失,等等,而是通过介绍该堤坝的重要性,传达了如下言外之意。其一,可以间接地让电视观众去想象如果决堤将会出现的灾情——将有12万亩农田被淹没,将有10多万人民群众的生命财产受到威胁;其二,想淡化本次水灾的严重性,大事化小、小事化了。本次堤坝决堤事件是一起重大的水灾,灾后政府除了需要帮助灾民进行自救和重建外,还需查明发生本次水灾的原因,研究是否要追究相关责任人的责任等。面对决堤这样的灾情,官员在介绍灾情时,没有采用直截了当的方法去介绍,而是让电视观众自己去理解、去想象,明显违反了新闻语用方式准则的第一次准则:说话要简明、直接,不要拐弯抹角。

S_4介绍了堤坝决堤的历史沿革,即该堤坝历史上曾多次决堤。这违反了新闻语用相关准则,因为S_4说了与R_1没有直接关系的话。

平主任没有介绍该段堤坝的设防等级(是二十年一遇,还是五十年一遇,或是百年一遇),也没有介绍本次水灾的等级,而是介绍该段堤坝的土质非常差,历史上曾多次决堤。平主任的这句话想让观众想象,本次决堤很自然,是自然灾害,不是人祸。S_4是在规避本次灾害的责任。

S_5、S_9、S_{11}介绍了上级领导的重视,因此,上级领导重视就是平主任想要表达的“度”。强调领导重视本身应该没问题,但平主任共提省委书记3次,省长2次,水利部部长、水利部副部长及省水利厅厅长各1次,约占平主任发言篇幅的36%,平主任没有必要提及所有官员的名字和职位的全称。故S_5、S_9、S_{11}违反了新闻语用度准则的第二次准则:平主任没有在“度”的范畴内,进行合理的取舍,用了过多的语言来强调领导的重视。如果平主任简要地说明一下省委书记等相关领导都亲临救灾现场指导工作,电视观众是不会有意见的。平主任之所以会违反新闻语用度准则的第二次准则,是因为像平主任这样级别的官员,平时是很少有机会接触到高层官员的,但他忘了,他说话的语境是在堤坝决堤后央视的现场直播中,忘了全国人民最关心的是灾情的严重程度、有没有人员伤亡、群众有没有安全转移,上级领导到现场参与指挥抢险是他们的职责,没有必要过分强调。

在灾情发生后现场直播的电话采访这一特殊语境下,S_5、S_9、S_{11}有说官话、套话之嫌,因此也违反了说话要简明、直接,不说官话、套话的新闻语用方式准则的第三次准则。

R_6打断S_5,R_{12}再次打断平主任的话,主持人两次打断平主任的话,提醒他回答灾区群众有没有安全转移的话题,R_{14}很有礼貌地结束了该段电话采访。因此R_6、R_8、R_{12}、R_{14}没有语用问题。

S_7回答了主持人提出的堤坝决口的大小问题;S_{10}介绍了灾区群众一方面转移,一方面正在抢险,可能因为决堤时间不长,江西防总还没有群众伤亡的统计数据，没能回答主持人关于灾区群众有没有安全转移的问题，也是情理之中；S_{13}介绍了江西防总已采取的救灾措施，因此，S_7、S_{10}、S_{13}没有语用问题。

平主任在央视现场直播的电话采访中，没有能把握住这是一个重大自然灾害事件，在介绍这样性质的事件中，过多地强调上级领导的重视，而对观众关心的老百姓的生命财产安全问题又说得不够，违反了新闻语用度准则，即媒体在发布新闻时首先要确定事件的性质，其次是应在把握事件性质的前提下，对采访到的内容进行合理的取舍。

下面看一下平主任是通过什么方式违反新闻语用方式准则的第一次准则的。

平主任没有直接介绍应对灾情的措施、下游10多万群众是否安全、是否有重大财产损失、省防总对本次决堤已做的努力，以及决口大概能在什么时候被封堵。他把介绍的重点放在决堤的历史沿革和上级领导对本次灾难的指挥有方上。平主任是该说的没有说清楚，不该说的又说得过多，违反了新闻语用方式准则的第一次准则。

平主任在发布灾情信息时，虽然间接地回答了灾情的严重程度，但没有回答灾区群众的安全状况，没有回答该决口什么时候能被堵上，他在采访中重点突出了上级领导的指挥有方。他这样说隐含了如下会话含义，其一，这次决堤事件是正常的自然灾害，各级政府无须对此承担相关的责任；其二，在这次决堤事件发生后，省市的各级领导是相当重视的，省市领导的指挥对控制灾情起到了决定性的作用；其三，如果没有省市领导的重视，本次决堤事件的后果无法预测。

平主任在谈灾情的时候，讲到了该大坝“保护了多少人的生命财产安全”，而不讲“威胁了多少人的生命财产安全”，用正面宣传的方式来介绍灾情，反话正说，说话不直截了当，违反了新闻语用方式准

则的第一次准则。如果是该大坝刚建成，或刚大修过，可以说这个大坝保护了10多万人民群众的生命安全，但在发生决堤后，就不是大坝保护了多少人的生命安全的问题，而是有多少群众的生命财产安全受到威胁的问题。平主任如此介绍灾情，隐含了如下会话含义：其一，减轻全国人民因本次电话采访而对灾情的担心；其二，当地官员在保护群众的生命财产安全上是做过大量工作的。

讨论：主持人两次打断平主任的语用分析。

R_6、R_{12}分别用“这是应该的”“嗯嗯，平主任”打断S_5、S_{11}，采用礼貌的方式衔接语篇，打断了平主任的讲话，很有礼貌地将平主任的话题拉回到主持人需要的内容上，使语篇的内容得以延展，意义得以连贯。

此例中“这是应该的”“嗯嗯，平主任”的具体分析如下：

首先，主持人的这番话语具有礼貌地转移话题的作用。由于平主任把灾情介绍的重点放到各级领导的重视上，明显不是主持人所需要的，主持人很有礼貌地打断平主任的话，希望平主任能按自己提出的话题进行回答。

其次，就主持人的话语而言，“这是应该的”“嗯嗯，平主任”后体现的是其交际意图：在发生如此大的灾难后，各级领导重视是应该的，而主持人的这个意图恰好与平主任的介绍存在着反差，这就是主持人用有礼貌的话语打断平主任的关键所在。

再次，需要注意的是，主持人的此番话语之后至少隐含着如下推理过程。

大前提：在不同级别的灾难发生时，相应级别的领导进行关注和重视是应该的。

小前提：江西省抚州市临川区唱凯堤临山河峡段发生决堤，10多万群众的生命财产受到洪水威胁。

结论:江西省抚州市临川区唱凯堤临山河峡段发生决堤,10多万群众的生命财产受到洪水威胁,国家防总领导及江西省委、省政府重视是应该的。

归纳以上讨论,平主任在本次决堤事件发生后,在回答央视主持人的问题时,过多地介绍了各级领导的重视,所以,主持人用此话语来打断平主任的话,转移话题。主持人的话语中负载的礼貌打断语气来源于一般性质的"理"与特殊情况下的"(实)情"之间的冲突,传达的是说话人"迫使"听话人按说话人的要求进行交际的意图。

第二节　实例分析:红水污染事件

一、事件回顾

从2013年3月29日起,《燕赵都市报》、央视《新闻1+1》及全国各大新闻网站相继播出"红水污染事件",具体情况见表6-1。

表6-1　红水污染事件媒体的报道情况

标题	来源	内容	发布时间
自备井抽出铁红色水　近700只鸡饮后死亡	《燕赵都市报》	沧县张官屯乡小朱庄在洗车场附近的一家养殖场,近700只鸡因饮用这样的地下水而集体死亡	2013年3月29日
地下水变红,谁该脸红?!	央视《新闻1+1》	沧县环保局局长邓某某:有的红色的水,是因为物质是红色的,对吧,比如说咱放上一把红豆,那里面也可能是红色,咱煮出来的饭也可能是红色的,不等于不达标	2013年4月4日播出
河北沧县地下水变红　环保局长:红豆能染红水	人民网	邓某某:目前不能完全断定鸡就是喝这个水死的。目前环保局已对小朱庄的地下水取样,正在进行化验,但需要一定时间	2013年4月5日

续表

标题	来源	内容	发布时间
红水“红人”红牌!	央视《新闻 1+1》	4 月 5 日的时候,环保局邓局长被当地亮了红牌,被免去了环保局的党组书记这个职务	2013 年 4 月 8 日
专家谈河北红水事件:环保局长表态像戏弄百姓	新浪/新闻中心/国内新闻/正文	由环境保护部、清华大学环保专家参与检测的报告显示,当地苯胺物质含量超出饮用水标准 70 多倍。早在 10 年前,当地村民就向上反映,但每次收到的回复都是“检测合格”“水质达标”	2013 年 4 月 10 日

二、沧县环保局局长邓某某对厂区附近红水的解释

以下语料来自 2013 年 4 月 8 日的央视《新闻 1+1》的《红水“红人”红牌!》(有调整):

邓局长:S_1 红色的水不等于不达标的水。S_2 有的红色的水,是因为物质是红色的,比如说咱们放上一把红豆,那里面也可能是红色,咱煮出来的饭也可能是红色的,不等于不达标。

邓局长:S_3 媒体曝光问题后,环保局向畜牧部门了解到,养鸡场的自然死亡率是 2%到 6%,上述养鸡场的死亡率靠近 6%的上限,不能完全断定就是喝这个水死的。S_4 目前环保局已对小朱庄的地下水取样,正在进行化验,但需要一定时间。

邓局长:S_5 环保局是 1997 年才成立的,而建新化工厂 1988 年就已经建厂,污染到底是什么时候形成的不好确定。S_6 环保部门正在积极地检测,准备请专家论证,再进行治理。

三、语用分析

(一) 语境

背景:2013 年 3 月 29 日,《燕赵都市报》报道:自备井抽出铁红色

水,近700只鸡饮后死亡。

时间、人物:2013年4月8日,央视《新闻1+1》中报道邓局长的“红豆理论”。

事件性质:环境污染事件。

(二)语用分析

S_1违反了新闻语用质准则的第二次准则,邓局长说了没有根据的话。“红水污染事件”是一个群众反映强烈的事件,从最终的检验结果看,养鸡场的井水中苯胺物质的含量超出饮用水标准的70多倍,超出污染物排放标准1倍多。当地浅层井水的苯胺含量比污染物排放标准还高1倍多,说明当地的水污染是多么的严重。对于如此严重的污染,作为一名环保局局长,完全有能力、有手段快速地取得检验结果,并做出正确反应,而邓局长却匆忙否认浅层井水被污染的事实。S_1之所以违反该次准则,是因为他拿糊弄当地老百姓的方法来糊弄记者,同时也向媒体传达了如下言外之意:尽管有当地群众反映当地的地下水可能被污染了,但是,他们没有证据,无法证明地下水被污染,他们没有地下水被污染的实验数据。

S_2违反了新闻语用相关准则。在S_2抛出的“红豆理论”中的“红水”和被污染后的浅层地下“红水”是风马牛不相及的两件事,邓局长“红豆理论”中的“红水”是可饮用的,但该村被污染后的浅层地下“红水”,苯胺含量严重超标,是不能饮用的。S_2违反了新闻语用相关准则,原因是记者无法证实当地地下水是否被污染了。

S_3违反了新闻语用质准则的第二次准则。应该说邓局长不应该根据养鸡场的死亡率接近鸡的自然死亡率的上限,就推测鸡的死亡和喝的水的关系,作为一名环保局局长,应该用检验报告的数据说话,不能瞎猜。根据养鸡场最终的水质检验结果看,该处的浅层井水中的苯胺含量超过饮用水标准的70多倍,比排放标准还高1倍多,被如此污染的水，邓局长看不到、查不出，却想用鸡的自然死亡率来解释该养鸡场的鸡的死亡现象，显然是不专业、不敬业的。

S_4违反了新闻语用方式准则的第三次准则。邓局长讲了官话、套话。试想，如果不是媒体曝光，如果不是专家说邓局长是瞪着眼睛说胡话，当地政府能否迅速出面加以干预？如果不是由环境保护部、清华大学环保专家参与检测的报告的迅速出炉，邓局长的检验报告不知道要等到什么时候才能出来，说不定其结论又是“水质合格”。因为养鸡场的浅层井水的苯胺含量已经超过饮用水标准的70多倍，比排放标准还高1倍多，邓局长要想发现当地的水质污染应该是非常容易的，也是有手段的，但他长期以来没有这么做，因此，S_4有推脱、说官话之嫌。S_5、S_6同样违反了这一次准则，说了官员常用的官话、套话。S_5中提到由于环保局的成立时间晚于建新化工厂，无法确认污染是什么时候形成的，S_6中提到准备请专家认证后进行治理。从S_5、S_6可以推断邓局长的交际意图如下：其一，由于当地环保局的成立时间迟于该化工厂成立的时间，现在无法确认当地地下水是什么时候开始被污染的；其二，邓局长的S_6明显是在用冠冕堂皇的语言向媒体表明，他们的工作态度是积极的，因为他们正在“积极地检测”，他们的工作方法是科学的。因为，对于当地是否被污染的认定，首先要有科学的检测数据，然后请专家进行会诊，最后再考虑如何进行治理。表面上看邓局长的话好像很有道理，但仔细琢磨他的话后，人们会发现他的话有很多漏洞：当地环保部门有没有能力进行检测？检测一次需要多长时间？是如何进行积极检测的？有没有接到群众举报？（10年前就接到群众举报）当地有多少个环保监测点？每年检测几次？企业是如何通过每年的环保检测的？每次检测前是否是先通知企业，再检测？今年已经检测了几次？每次检测哪些数据？检测的结果如何？现在准备如何“积极地检测”？准备什么时候出检测结果？怎样体现邓局长正在“积极地检测”？在回答这些问题前，邓局长的“积极地检测”无非是拖延时间的官话、套话。

同时，由 S_5 还可以推导出邓局长知道当地的地下水资源可能已经被污染，进而由 S_5、S_6 还可以倒推出 S_1 还违反了新闻语用质准则的第一次准则。因为邓局长明明知道当地被污染的程度，却还说红色的水不等于不达标的水，明显在糊弄记者。

1.关于邓局长的“不等于不达标”“因为”的话语分析

S_2 用表示因果的连词“因为”衔接话轮，用“红豆理论”解释了 S_1 中红色的水是否达标的问题。邓局长用双重否定提出问题，用表示因果关系的连词“因为”，将因果关系、逻辑关系、语境等衔接在一起，组成一个语义相对完整而且十分连贯自然的会话语篇。

此例中“不等于不达标”“因为”的具体分析如下：

首先，S_1 用“不等于不达标”这一双重否定的方式来描述该地红色的地下水可能是达标的，他没有直接说明该地的地下水是达标的，因为“不等于不达标”可能表达双重否定，也可能表达不确定。按一般意义上说，双重否定就是肯定，强调的是肯定的意图，如“不得不”强调的是必须。因此，“不等于不达标”有两种解释：一种解释是按双重否定来看，强调的是肯定，表示该地红色的水已经是“等于达标”的，因为，多年来当地环保部门的检测结果一直都是“达标”的；另一种解释是，虽不能确定该地地下水是否达标，但达标的可能性要大些。

其次，邓局长运用“不等于不达标”的双重否定的修辞手法来强调该地红色的地下水是达标的，接着他用“红豆理论”来验证当地红色的地下水是达标的。邓局长对“不等于不达标”的强调与后面用“因为”做解释存在着强烈的反差，后面的解释弱化了前面的强调。

再次，需要注意的是，邓局长的“不等于不达标”“因为”之后至少

隐含着如下推理过程：

大前提：红色的水不等于不达标的水，因为有的红色的水是因水里面有红色物质，比如放上一把红豆，那水也可能变成红色，煮出来的饭也可能是红色的。

小前提：当地的地下水是红色的。

结论：当地的地下水不等于不达标，或换言之，观众无法证明当地的地下水是不达标的。

归纳以上讨论，邓局长先用“不等于不达标”来强调该地的地下水是达标的，再用“因为”引出“红豆理论”来解释为什么红色的水是达标的，从而传递出当地的地下水尽管颜色是红的，但仍然是达标的、合格的这一交际意图。

2.关于邓局长的“靠近6%的上限”的话语分析

首先，邓局长在谈到当地养鸡场的死亡率时，用“靠近6%的上限”来描述。“靠近”这个词用得非常有讲究，因为，靠近一个值，既可以从负的方向靠近（如5.8%、5.9%），也可以从正的方向靠近（如6.1%、6.2%）。如果从负的方向靠近，表明该养鸡场的死亡率小于6%；如果从正的方向靠近，表明该养鸡场的死亡率大于6%。邓局长用“靠近6%的上限”来描述该养鸡场的死亡率，就有可能把大于自然死亡率的事件包括到自然死亡事件中，目的是掩盖当地养鸡场的死亡率可能大于6%的事实。

其次，“靠近6%的上限”包括了如下推理过程：

大前提：养鸡场的自然死亡率是2%到6%。

小前提：当地养鸡场的死亡率靠近6%的上限。

结论：当地养鸡场的死亡率符合养鸡场的自然死亡率，因此，不能断定死鸡与当地地下水污染有关，或换言之，观众无法证明当地养鸡场的死亡率高与当地地下水不达标是相关的。

归纳以上讨论，邓局长的“靠近6%的上限”的说法，就可以把当地养鸡场的死亡率高这一事件，解释成符合自然死亡规律的事件，至少观众无法证明养鸡场的死亡率高与当地的环境污染有关，从而让观众自然地按说话人的意图进行理解。

第三节　实例分析:华南虎事件

一、事件回顾

2007年10月12日，陕西省林业厅宣布陕西发现华南虎，并公布了周某某于2007年10月3日拍摄到的华南虎照片。该消息随即引来社会的质疑，指出这可能是造假。一时间，网络、电视、报纸等大众媒体风起云涌，就周某某所拍的华南虎照片真假之谜进行了大量的报道。10月30日，陕西省林业厅官方称，关于华南虎照片，没有官方提出质疑。但是，在12月3日，来自六个方面的鉴定报告和专家意见汇总认为虎照为假，而陕西省林业厅仅是发表声明，并未就照片鉴定做出正面回应。

二、官员的话语及语用分析

(一)话语来源:2007年12月8日央视《新闻调查》

1.采访孙厅长的话语及语用分析

(1)采访孙厅长的话语。

以下语料来自2007年12月8日央视《新闻调查》的《虎照疑云》:

记者:后来县里头有没有向您提交过核实的材料?

孙厅长:S_1 口头的汇报，镇坪县人民政府以及镇坪县林业局向

我汇报并且承诺到现场核实拍摄地点是真实的。

记者：当时林业厅为什么没有要求他们出示这些核实的资料呢？

孙厅长：S_2 我们认为作为一个地方人民政府，他给我们承诺这个东西是真实的，我认为就够了，我就相信他们。

(2)语用分析。

①语境。

背景：距离陕西省林业厅发布发现野生活体华南虎的消息已有近 2 个月了，随着年画虎的出现，越来越多的人对周某某的虎照表示怀疑，包括来自六个民间机构的鉴定报告和专家意见汇总认为虎照为假，而陕西省林业厅认为虎照是真。

2007 年 12 月 8 日，央视《新闻调查》报道中的电话采访。

事件性质：如何对待华南虎的真假问题。

②采访孙厅长的语用分析。

S_1、S_2 违反了新闻语用质准则的第二次准则，因为林业厅没有核实过相关材料，认为下级已经核实过了。对于发现野生华南虎这样的大事，孙厅长仅凭下级政府官员的口头汇报，就草率地加以确认。他完全有条件要求下级官员把经过核实的材料拿过来，先核实，再确认。因为负责现场核实的李某虽然去了现场，但仅凭周某某的忽悠，就向覃局长汇报去现场核实过了，覃局长在未审查核实材料的情况下，向吴县长做了汇报，吴县长又向孙厅长做了汇报。在这个下级层层向上级汇报材料的过程中，只要各级官员都能以事实为根据，严格把关，"周老虎"的笑话就不会发生。

孙厅长的 S_1、S_2 还包括以下推理过程：

大前提：上级领导应相信下一级地方人民政府向上级的承诺。

小前提：镇坪县人民政府以及镇坪县林业局是江西省林业厅的下级单位，且承诺过他们已经到现场核实拍摄地点是真实的。

结论:孙厅长相信镇坪县人民政府以及镇坪县林业局肯定到现场核实过拍摄地点的真实性。

从以上推理过程的分析可以看出,表面上上级领导相信下级政府的汇报是没有问题的,但要确定当地是否真的出现已经灭绝的野生华南虎,显然是缺乏证据的。案例中,孙厅长在接到下级政府的汇报时,只要严格按照认定新出现野生华南虎的程序来办事,就完全有能力发现问题,但他却没有认真地核查,违反了新闻语用质准则的第二次准则。同时,孙厅长的 S_1、S_2 启示我们:其一,上级政府对下级政府的承诺也应该进行认真的核查;其二,对于一个已经灭绝的物种的认定要有科学的认定程序和证明材料。

2.采访吴县长的话语及语用分析

(1)采访吴县长的话语。

以下语料来自 2007 年 12 月 8 日央视《新闻调查》的《虎照疑云》(有调整):

记者:这个东西送到省厅汇报之前,县里的林业部门有没有向您递交过现场的核实报告?

吴县长:W_1 听林业局的覃局长汇报的。

记者:覃局长有没有给您提交关于这次调查核实的资料?

吴县长:W_2 我没有看,林业局的覃局长他都看了。

记者:在现在外界对周某某照片的真伪都存在争议和质疑的情况下,您做过这方面的调查和研究吗?

吴县长:W_3 我觉得没有必要。

记者:为什么?

吴县长:W_4 因为我相信这张照片是真的。就是对周某某其人,我觉得这样一个普道的农民,为什么把他想得那么复杂,好像和造假、制假联系在一起。

记者：但是如果没有调查研究，依据的是您信一个人的人格，您觉得这个态度科学吗？怎么面对这个真假之争？

吴县长：W_5 我们心里是坦然的，我们是非常有底气的，周某某拍到野生华南虎的活体照片，它其实是必然结果，绝不是偶然现象，说镇坪有野生华南虎生存，不是我们说的，是专家说的，专家认定的。

吴县长：W_6 最终这个照片的真伪需要国家的权威部门来进行鉴定，但是我们肯定是确信无疑，镇坪发现了野生华南虎，不仅仅是镇坪的荣耀，同时也是中国的荣耀。

记者：为什么这么说？

吴县长：W_7 我觉得这个就是我所说的"盛世出国虎，虎啸振国威"。

(2)语用分析。

①语境(同上)。

②采访吴县长的语用分析。

W_2违反了新闻语用质准则的第二次准则，他认为覃局长看过照片拍摄场地的核实材料，实际上，覃局长却没有看到过。故吴县长说了未经证实的话，违反了该次准则。

W_3、W_4也违反了新闻语用质准则的第二次准则。因为在 2007 年 11 月 16 日有人发现年画照片中的老虎与虎照中的老虎的姿态、斑纹极相似；2007 年 11 月 23 日，陕西省林业厅华南虎照片专家鉴定组组长王教授表示：专家组并没有对照片本身的真伪问题做出过判定。2007 年 12 月 2 日，门户网站网易公布多个民间机构的鉴定报告，认为周某某虎照中的"华南虎影像是不真实的"。因此，W_3、W_4说了没有根据的话，违反了该次准则。同时，W_4扯东拉西，吴县长用相信周某某的人格来说明照片是真的，违反了新闻语用方式准则的第一次准则。其间涉及的关键推理过程如下：

大前提：农民具有朴实的人格，是不会造假、制假的。

小前提：周某某是农民。

结论：周某某是朴实的，是不会造假的，因此，他所拍的华南虎照片是真的，故没有必要再对周某某虎照的真假进行调查和研究。

从最终周某某因造假和诈骗被判刑来看，W_4的问题在于周某某已经不是普通的农民，而是罪犯，他的话是不可信的，不能简单地把“农民是朴实的”这一点推广到周某某身上。在如此多的质疑面前，吴县长仍然坚持认为照片是真的，他坚持的原因竟然是周某某是农民。W_4传达了如下言外之意：我们要相信农民，照片拍摄者是农民，我们就相信他拍摄的照片一定是真的。

W_5违反了新闻语用质准则的第二次准则。当记者质疑吴县长相信周某某的人格是否科学时，他说周某某拍到野生华南虎的活体照片，是必然结果。华南虎论证会的结论受到众多质疑：专家组成员中，没有一个是研究大型猫科动物的；没有按照国际标准的鉴定方法进行鉴定；证据太少，且有争论。因此，2007 年 7 月 6 日，在西安召开华南虎论证会得到的镇坪有野生华南虎生存的结论是不可靠的。同时，2007 年 11 月 23 日，华南虎照片专家鉴定组组长王教授表示：专家组并没有对照片本身的真伪问题做出过判定，只是认为照片所拍摄到的老虎属于华南虎。11 月 16 日发现了年画虎，12 月 2 日，多家民间机构给出了“华南虎影像是不真实的”的鉴定意见。因此在诸多的质疑面前，吴县长还强调周某某拍到野生华南虎的活体照片是专家的意见，显然是强词夺理。W_5还包括如下推理过程：

大前提：专家已经认定镇坪有野生华南虎生存。

小前提：周某某在镇坪拍到野生华南虎的活体照片。

结论：周某某在镇坪拍到野生华南虎的活体照片是真的，在镇坪能拍到野生华南虎的活体照片很正常。

从吴县长的 W_5 的推理中可以发现，他推理的大前提就是错的，因为，当时专家组没有经过科学的认定程序就做出了当地存在野生华南虎的结论，结论是错误的。吴县长的 W_5 启示我们：各地、各级的专家要认真、慎重地对待各种鉴定，按科学规律和程序进行鉴定，不能搞形式主义的虚假鉴定。

W_6 仍然确信照片是真的，没有给出新的证据，说了证据不是十分充分的话，违反了新闻语用质准则的第二次准则。W_6 说镇坪发现了野生华南虎，不仅仅是镇坪的荣耀，同时也是中国的荣耀，违反了新闻语用相关准则。因为，这句话和照片是否为真无关。

W_7 违反新闻语用相关准则，因为，“盛世出国虎，虎啸振国威”和华南虎照片的真假无关。

W_6、W_7 还含如下推理过程：

推进过程一：

大前提：如果镇坪发现了野生华南虎，不仅仅是镇坪的荣耀，同时也是中国的荣耀。

小前提：周某某在镇坪拍到野生华南虎的活体照片。

结论：周某某在镇坪拍到野生华南虎的活体照片，可以证实镇坪存在野生华南虎，这不仅仅是镇坪的荣耀，同时也是中国的荣耀。

推理过程二：

大前提：太平盛世出现国虎（华南虎），是国家强盛的表现。

小前提：中国现在正处在太平盛世。

结论：中国镇坪出现野生华南虎，是中国强盛的表现，是国家强盛的表现。

吴县长的 W_6、W_7 包含如下言外之意：我国现在正处在一个盛世，在这个阶段，华南虎的出现是必然的，如果否认野生华南虎的出现，就是否认我国现在是处在一个盛世，就是否定当前的大好形势。

3. 采访覃局长的话语及语用分析

(1)采访覃局长的话语。

以下语料来自 2007 年 12 月 8 日央视《新闻调查》的《虎照疑云》(有调整):

记者:那么李某当时有没有给你出示他认为这个背景真实存在的证据?

覃局长:T_1 那就是口头上就是这样。

记者:仅靠他一个人的说法吗?

覃局长:T_2 难道不可以相信吗?

记者:除了他的说法之外,他没有任何其他的依据能够证明他去过?

覃局长:T_3 我对我的干部,我在用他们的时候,对他们是很放心的,就是干部是什么品质,哪种人是什么人,我心里非常清楚。

(2)语用分析。

①语境(同上)。

②采访覃局长的语用分析。

从 T_1 可以看出,覃局长没有看到李某核实现场的证据,只是听李某说到现场核实过了。如此重要的事,在没有见到核实现场的材料的情况下,就匆匆向上级领导汇报,违反了新闻语用质准则的第二次准则,说了缺乏根据的话。

T_2 说了缺乏根据的话,违反了新闻语用质准则的第二次准则。要进行现场核实,要凭证据,要有核实材料,不是相信或不相信谁的问题。

T_3 扯东拉西,违反了新闻语用方式准则的第一次准则。同时 T_3 还违反了新闻语用相关准则,因为有无现场核实材料和是否相信下级是根本无关的两件事。

4.采访李某的话语及语用分析

(1)采访李某的话语。

以下语料来自2007年12月8日央视《新闻调查》的《虎照疑云》(有调整):

记者:但是之后你在接受媒体采访的时候说,10月6号你带了相机上山,而且呢,还自己站在老虎曾经待过的那个位置,让周某某帮你拍摄,这是怎么回事?

李某:这个我不太清楚;媒体是怎么说的,我不太清楚。

记者:这是你接受采访的时候公开刊登出来的资料?

李某:那我不太清楚。

以下是采访李某的记者提供的当时采访李某的录音:

李某:L_1 我去核查的时候,让他蹲在老虎那个地方,把他当成老虎,做参照物。

记者:为什么要这样呢?

李某:L_2 因为他蹲在老虎那个地方,我在他照相那个地点,如果说我站在他那个地方照不到他,那说明他那个照片是假的。

记者:数码相机拍的情况和他的照片是不是吻合的?

李某:L_3 基本上吻合。

以下是李某在之前接受媒体采访时刊登出来的电话录音:

李某:我现在也想不起来了,我只是说我10月6号去看了现场。

记者:现在录像、照片资料有吗?

李某:没有。

记者:那次有笔录吗?

李某:L_4 对于周某某的没有笔录,去是去了,但是没有证据,这个我承认。

(2)语用分析。

①语境(同上)。

②采访李某的语用分析。

L_1、L_2、L_3完全说了假话,而且是有意说假话,违反了新闻语用质准则的第一次准则。李某没有到拍虎照的现场去核实、取证,而是虚拟了一个拍照现场。虎照拍摄现场的核实非常重要,试想,如果李某到了拍摄现场,不能还原照片,那周某某的笑话早就会被揭穿。由于各级官员相信了李某的谎话,没有核实材料,导致了华南虎事件。L_1、L_2、L_3也启示我们:作为政府基层的工作人员,办事一定要认真,对于现场核实这样的工作,一点儿都不能马虎,必须严肃地对待,现场核实时要有包括数据、照片等证明材料,不能仅凭当事人的忽悠。

(二)采访朱厅长的话语及语用分析

语料来源:发表于 2007 年 12 月 20 日的《新京报》(节选,有调整)

1.采访朱厅长的话语

《新京报》:你长期从事的是政工室宣传工作,那凭什么判定老虎是真的?

朱厅长:Z_1 我不懂动物学、植物学;我就是看照片,坚信老虎是真的;我用放大镜看那些放大的照片,起码超过了 100 个小时;晚上睡觉会突然醒来,想照片的事;照片上分明是真老虎,眼睛都有变化,前几张老虎在打盹,后几张老虎眼睛睁得很圆。

《新京报》:六方专家鉴定认为,周老虎是平面的,和年画虎相同。

朱厅长:Z_2 周某某拍摄的第六张数码照就和年画虎相同,我早就说过了。但是谁抄谁的,我就不说了;他们拿去加一个耳朵、尾巴很容易,但是拿年画虎拍出 70 张周老虎,就不可能。如果拍出一样的,哪怕差不多一样,我就相信周老虎是假的。

《新京报》:那你为什么要插手"挺虎"?

朱厅长：Z_3 年画虎出来以后，大家都蒙了。几乎所有人都相信周老虎是假的。这时如果我不站出来，周老虎就被“判死刑”了。

朱厅长：Z_4 如果我知道老虎是真的，而不站出来说，那就犯了毛主席说的自由主义错误，“明知不对，少说为佳”。

《新京报》：你所认识的境界是什么？

朱厅长：Z_5 我力挺周某某，就是为民做主；当官不为民做主，不如回家卖红薯。

新京报：那么多专家学者质疑周老虎，你不认为他们比你专业？

朱厅长：Z_6 他们在这件事上不一定比我权威。这些专家，我不说了，说多了伤害别人。

《新京报》：如果这次按国家林业局要求，鉴定出周老虎是假的呢？

朱厅长：Z_7 那就摘下我这顶乌纱帽，把我赶出这个大厅，我下海，打工，挖红薯去。

《新京报》：你不珍惜这顶帽子？

朱厅长：Z_8 如果一定要追究责任，也绝对追究不到我头上来；你去查《党章》，我无非坚持了自己的意见，这连警告也够不上；这件事不是我分管，前前后后我什么都不知道；我只是主持召开了华南虎新闻发布会。

2.语用分析

(1)语境。

背景：同上。

2007 年 12 月 20 日，《新京报》中的报道。

事件性质：如何对待华南虎的真假问题。

(2)采访朱厅长的语用分析。

Z_1 显示出朱厅长非常刚愎自用，他既不懂动物学、植物学，也不是野外动物摄影专家，仅凭一把放大镜，就发现前几张老虎在打盹，后几张老虎眼睛睁得很圆，并由此判断出虎照是真的。但是，朱厅长没有考虑到，在周某某拍虎照的 20 多分钟里，周某某前后移动了 10 余米，当中还打开了闪光灯，对于外来物非常敏感的野生老虎，却一直瞪着眼、一动不动，显然是不可能的，除非它是死老虎或假老虎。朱厅长面对如此多的质疑，无法解释，仅凭自己的放大镜来判断，因此，Z_1说了缺乏根据的话，说了错话，违反了新闻语用质准则的第二次准则。

Z_2显示出朱厅长已经知道周老虎和年画虎相同的事，但他却表示是年画虎抄的周老虎，无法找到根据，说了缺乏证据的话。因为，年画虎是 2002 年就出了，而虎照事件发生在 2007 年。朱厅长在 Z_2 中说，拿年画虎拍不出 70 多张周老虎，但是，根据最终对周某某的审判结果来看，周某某的确拿着年画虎拍出了 70 多张虎照，说明朱厅长说了没有根据的话。Z_3、Z_4 显示出朱厅长过分地相信自己的错误判断，以至于说出他要不站出来力挺周某某，周老虎就被判死刑的话。因此，朱厅长在 Z_2、Z_3、Z_4 中说了缺乏根据的话，说了错话，违反了新闻语用质准则的第二次准则。

同时，朱厅长在 Z_4 中扯东拉西，抬出了毛主席语录“明知不对，少说为佳”，与周老虎的真假无关，既违反了新闻语用方式准则的第一次准则，也违反了相关准则。

Z_5显示了朱厅长对虎照的态度。因为朱厅长对周某某的判断失误，“力挺周某某，就是为民做主”也就成了笑话。力挺周某某要以科学的态度，要相信科学，不能凭自己的主观愿望，因此，Z_5说了缺乏根据的话，说了错话，违反了新闻语用质准则的第二次准则。同时，虎照的真伪与为民做主无关，与“当官不为民做主，不如回家卖红薯”也无关，故 Z_5 违反了新闻语用相关准则。

Z_6显示朱厅长不谦虚，作为一名省林业厅的负责人，他完全没有必要参与到虎照真假的讨论上来。对于大家的质疑，他应该认真反思当时下的结论是否草率，有无重新鉴定的必要。他不能说自己比专业人士更权威。因此，Z_6说了缺乏根据的话，说了错话，违反了新闻语用质准则的第二次准则。

Z_7表面上显示了朱厅长对虎照的信心，他表达了若虎照为假，他就辞职的态度，实际上他是说了谎。从Z_8就能发现，朱厅长认为，虎照即使为假，也追究不到他的头上；他端出了《党章》，认为连警告处分也够不上。因为这件事不归他管，前前后后他什么都不知道，他只是主持召开了华南虎新闻发布会，可见朱厅长把虎照事件的责任推得一干二净，所以他说如果虎照为假就辞职是假话。因此，Z_7、Z_8均违反了新闻语用质准则的第一次准则。

朱厅长在Z_8中，对自己可能在华南虎事件中所犯的错误认识不足。因为他仅凭自己的判断，就多次在不同的公开场合，参与虎照真假的讨论，力挺周某某。他认为即使虎照为假，他所犯的错误也很轻，连警告处分都够不上，但他的实际处分是被免职。因此，Z_8是朱厅长的判断失误，说了缺乏根据的话，说了错话，违反了新闻语用质准则的第二次准则。

讨论：为什么在年画虎出现后，来自六个民间机构的鉴定报告和专家意见汇总认为虎照为假，而不是分管此事的朱厅长却力挺虎照是真？

第一，尽管鉴定专家不是猫科动物的专家，他们的鉴定方法也非专业，但由陕西省最权威的动物专家组成的“专家组”已经认定陕西镇坪存在野生华南虎，并且出过鉴定结论。因此，朱厅长有理由相信，即使周某某没有拍到野生华南虎的照片，李某某、王某某等也会拍到。

第二，朱厅长把周某某当成朴实的农民。实际上，从周某某与媒体记者的对话就可以看出，周某某关于拍虎照的过程漏洞百出，他拍年画虎的目的，就是骗取政府的奖励，因此，朱厅长为这样的人做主，不出事才怪。

第三，朱厅长对虎照事件的危害程度的认识不足，对力挺周某某可能存在的后果认识不足。事件本身反映了周某某的浮躁心态。对于类似的事件，如果没有广大网民的介入，影响都不大，但当这一事件已经变成全国网民热议的话题时，事件的真假就必须弄个水落石出。

第四，需要注意的是，朱厅长的 Z_5、Z_8 中"当官不为民做主，不如回家卖红薯""如果一定要追究责任，也绝对追究不到我头上来"等话语隐含着如下推理过程：

推理过程一：

大前提：当官不为民做主，不如回家卖红薯。

小前提：周某某是民，我是官。

结论：我之所以力挺周某某，就是为民做主。

推理过程二：

大前提：即使华南虎照片是假的，应该由省林业厅分管领导承担相关责任。

小前提：我不是分管领导，前前后后我什么都不知道，我只是主持召开了华南虎新闻发布会。

结论：即使要追究责任，也绝对追究不到我头上来。

归纳以上讨论，朱厅长明显说了没有根据的话，想传达如下言外之意：其一，如果当地出现野生华南虎，说明当地的生态环境已经得到极大的改善，当地的退耕还林工作做得非常扎实，大型猫科动物的食物链已经基本形成，但它们的食物链还非常脆弱，需要立即建立华南虎的保护区；其二，野生华南虎的出现，对发展当地的旅游经济，开

发旅游资源非常重要；其三，从大局上说，保护野生动物、发展旅游经济比对真假虎照的讨论更重要，因为，即使周某某的野生华南虎照片为假，只要这个谎言不被戳破，就对发展当地的旅游经济是有利的；其四，即使虎照为假，他的错误也不大，责任也不大。

本章的主要结论

本章将前几章建立起来的理论观点延伸到新闻话语的分析过程中。笔者以负面新闻中的官员话语为主要分析对象，通过运用新闻语用质准则、度准则及方式、相关准则，就官员话语中的相关语用现象展开尽可能细致深入的分析后发现，本书提出的新闻语用诸准则可以推而广之，用于对负面新闻话语的分析，从而展示新闻语用原则体系对负面新闻话语研究的价值。

参考文献

[1]郭庆光.传播学教程(第二版)[M].北京:中国人民大学出版社,2011

[2]万久玲.浅谈负面新闻[J].河南师范大学学报(哲学社会科学版),2007(5):246-248

[3]Monika Bednarek,Helen Caple. News Discourse[M]. London and New York:Continuum International Publishing Group,2012

[4]李元授,白丁.新闻语言学[M].北京:新华出版社,2001

[5]庹继光,刘海贵.虚假新闻中的传媒法律责任探析[J].新闻记者,2012(4):36-39

[6]顾理平.契约精神视野中的虚假新闻[J].现代传播,2008(5):36-38

[7]马娜.浅析网络虚假新闻的成因及应对之策[J].新闻世界,2011(4):6-7

[8]周灿华.论虚假新闻传播与受众的负性情绪[J].当代传播,2010(3):38-39

[9]赵小茉.媒体的商业化和社会责任:浅议炒作和虚假新闻[J].新闻知识,2011(6):107-108

[10]张珍.如何杜绝虚假新闻的产生[J].新闻世界,2011(7):26-27

[11]沈之华.坚持自律强化他律——浅议纸媒如何有效杜绝虚假

新闻[J].新闻世界，2011(7)：29-30

[12]梁新.负面报道论[D].长沙：湖南大学，2009

[13]何淑群."负面新闻"(负面报道)问题研究：以重大灾难事件的报道为视角[D].广州：暨南大学，2008

[14]Juan Li. Transitivity and Lexical Cohesion:Press Representations of a Political Disaster and Its Actors[J]. Journal of Pragmatics,2010，42(12)：3444-3458

[15]廖艳君.新闻报道的语言学研究[D].长沙：湖南师范大学，2004

[16]董玉宁.新闻评论语篇的语言研究[D].上海：复旦大学，2007

[17]翁玉莲.报刊新闻评论话语的功能语法分析[D].福州：福建师范大学，2007

[18]柳笛.《纽约时报》中涉华负面报道的批评语篇分析[D].广州：暨南大学，2009

[19]Ahmad M. Atawneh. The Discourse of War in the Middle East: Analysis of Media Reporting[J]. Journal of Pragmatics, 2009，41(2)：263-278

[20]罗红.负面新闻：还新闻报道以"完整江山"——从"非典"报道透视负面新闻传播的功能[J].新闻知识，2003(7)：17-19，49

[21]刘蓉.Analysis of Conversation Implicature in Press Conference with Cooperative Principle and Politeness Theory-A Case Study of Chinese Government Press Conference[D].成都：电子科技大学，2008

[22]胡云龙.从语用学视角研究新闻语言语用[D].武汉：武汉理工大学，2012

[23]丁和根.梵·迪克新闻话语结构理论述评[J].江苏社会科学，

2003(6):199-203

[24]辛斌.新闻语篇转述引语的批评性分析[J].外语教学与研究，1998(2):11-16，82

[25]曾庆香.试论新闻话语[D].北京:中国社会科学院，2003

[26]杜金榜.语篇分析教程[M].武汉:武汉大学出版社，2013

[27] Anneke H. Tupan, Helen Natalia. The Multiple Violations of Conversational Maxims in Lying Done by the Characters in Some Episodes of Desperate Housewives[J]. k@ta,2008,10(1):63-78

[28]Grice H P. Logic and Conversation[M]//Peter C,Jerry L. Morgan. Syntax and Semantics, Vol. 3: Speech Acts. New York: Academic Press,1975

[29]Grice H P. Logic and Conversation[M]//P. Grice. Studies in the Way of Words. Cambridge, MA:Harvard University Press,1989

[30]Leech G N. Principles of Pragmatics[M]. London: Longman Group Limited,1983

[31]Horn L R. Toward a New Taxonomy for Pragmatic Inference:Q-based and R-based Implicature[M]//A. Kasher, ed. Pragmatics: Critical concepts,Volume IV. London:Routledge,1998

[32]Sperber D, Wilson D. Relevance:Communication and Cognition[M]. Oxford:Blackwell Publishers,1995

[33]Levinson S. Pragmatics[M]. Cambridge: Cambridge University Press,1983

[34]史红梅.从新闻访谈的话轮转换分析看语用原则的运用[J].贵州师范大学学报(社会科学版)，2009(6):137-141

[35]何兆熊.语用学文献选读[M].上海:上海外语教育出版

社，2005

[36]Kenneth Lindblom. Cooperating with Grice:A Cross-disciplinary Metaperspective on Uses of Grice's Cooperative Principle[J]. Journal of Pragmatics, 2001，33(10)：1601-1623

[37]Chia-Huan Ho, Karen Swan. Evaluating Online Conversation in An Asynchronous Learning Environment: An application of Grice's Cooperative Principle[J]. The Internet and Higher Education,2007，10(1)：3-14

[38]Neil Murray, Author Notes. Pragmatics, Awareness Raising, and the Cooperative Principle[J]. ELT Journal, 2010，64(3)：293-301

[39]Hassan Atifi,Sacha Mandelcwajg, Michel Marcoccia. The Cooperative Principle and Computer- mediated Communication: the Maxim of Quantity in Newsgroup Discussions[J]. Language Sciences,2011，33(2)：330-340

[40]Michael Chiou,Yan Huang. NP-anaphora in Modern Greek: A Partial Neo-Gricean Pragmatic Approach[J]. Journal of Pragmatics,2010，42(7)：2036-2057

[41]Huang Yan. Anaphora: A Cross Linguistic Study[M]. Oxford: Oxford University Press,2000

[42] Huang Yan. Pragmatics [M]. Oxford: Oxford University Press,2007

[43] Huang Yan. Anaphora and the Pragmatics-Syntax Interface[M]// Laurence R. Horn,Gregory Ward. The Handbook of Pragmatics. Oxford: Blackwell,2006：288-314

[44]Green M. Georgia. Pragmatics and Natural Language Under-

standing[M]. New Jersey: Lawrence Erlbaum Associates, Inc.,1989/1996

[45]何自然，冉永平.新编语用学概论[M].北京：北京大学出版社，2009

[46]刘艳杰.《老友记》中的幽默语用分析[J].河南科技学院学报，2013(5)：59-61

[47]郭立建.冯小刚喜剧电影中经典对白的语用分析[J].西南农业大学学报(社会科学版)，2011(11)：132-135

[48]王丽娜，陈从耘.谈合作原则在相声中的应用与违背[J].课程教育研究，2013(21)：19-21

[49]杨光.用关联理论和合作原则对比分析赵本山小品中的幽默[D].沈阳：辽宁大学，2012

[50]张淑静.幽默的语用分析[J].解放军外语学院学报，1998，21(3)：32-36

[51]郑璐瑶.双关语 · 会话含义理论 · 广告效果[J].山东外语教学，2005(2)：110-112

[52]刘思伽.语用学视角下的广告语言研究——从合作原则和关联理论两个角度进行探析[J].语文学刊，2012(10)：26-27

[53]Salvatore Attardo. Locutionary and Perlocutionary Cooperation: The Perlocutionary Cooperative Principle[J]. Journal of Pragmatics,1997，27(6)：753-780

[54]Raskin V. Semantic Mechanisms of Humour[M]. Dordrecht: D. Reidel,1985

[55]程宏.中国新闻发言人语言策略研究[J].中国科教创新导刊，2012(14)：55，57

[56]陈珊.运动员新闻发布会话语选择研究[J].体育文化导刊，

2011(8):149-153

[57]逯璐."合作原则"在公众人物发言中的地位——以铁道部前发言人王勇平的答记者问为例[J].青春岁月,2013(10)

[58]林纲.网络新闻语言的语用分析[D].南京:南京师范大学,2008

[59] Marshall Mcluhan. Understanding Media [M]. London: Routledge,1995

[60]James Paul Gee. An Introduction to Discourse Analysis,Theory and Method,Second Edition[M]. New York:Routledge,2005

[61] [荷]迪克.作为话语的新闻[M] .曾庆香,译. 北京:华夏出版社,2003

[62]H.G. Widdowson. Discourse Analysis[M]. Oxford: Oxford University Press, 2007

[63]Changpeng Huan, Book Review:'News Discourse'[J]. Journal of Pragmatics,2013,50(1):105-107

[64]桂诗春,宁春岩.语言学研究方法[J].外语教学与研究,1997(3):14-20

[65]雷跃捷,辛欣.网络新闻传播概论[M].北京:北京广播学院出版社,2001

[66]Stephen Neale. Paul Grice and the Philosophy of Language[J]. Linguistics and Philosophy, 1992,15(5):509-559

[67]Rakefet Dilmon. Between Thinking and Speaking- Linguistic Tools for Detecting a Fabrication[J]. Journal of Pragmatics, 2009,41(6):1152-1170

[68]冉永平.语用学:现象与分析[M].北京:北京大学出版社,2006

[69]Gillian Michell. Women and Lying: A Pragmatic and Semantic Analysis of 'Telling It Slant'[J]. Womens Studies International Forum, 1984,7(5):375-383

[70]方宗祥.语语用原则理论的衍变:综述与反思[J].天津外国语学院学报,2004,11(5):13-19

[71]Mey J L. Pragmatics: An Introduction[M]. Malden, MA: Blackwell Publishers Inc.,2001

[72]Jaszczolt K M. Semantics and Pragmatics: Meaning in Language and Discourse[M]. Cambridge: Cambridge University Press,2002

[73]雷永强.批判格莱斯合作原则,探索理解会话含义的新途径[J].洛阳师范学院学报,2001(1):123-126

[74]Bunina L N, Timoshenko E S. The Essence of the Cooperative Principle and Conversational Implicature[M]. Edinburgh:Edinburgh University Press,2006

[75] Marta Dynel. On "Revolutionary Road": A Proposal for Extending the Gricean Model of Communication to Cover Multiple Hearers[J]. Lodz Papers in Pragmatics, 2010,6(2):283-304

[76]Thomas, Jenny. Conversational maxims[M]//Mey J, Asher R. Concise Encyclopedia of Pragmatics. Amsterdam:Elsevier,2009:171-175

[77]Asa Kasher. Pragmatics:Critical Concepts. Volume IV:Presupposition,Implicature,and Indirect Speech Acts[M]. London: Routledge,1998

[78]姚晓东. Kasher 对合作原则的修订:反叛还是拯救? [J].外语学刊,2012(2):105-108

[79]Sonja Kleinke. Speaker Activity and Grice's Maxims of Conversation at the Interface of Pragmatics and Cognitive Linguistics[J].

Journal of Pragmatics, 2010,42(12):3345-3366

[80]Hans J. Ladegaard. Pragmatic cooperation revisited: Resistance and Non-cooperation as a Discursive Strategy in Asymmetrical Discourses[J]. Journal of Pragmatics, 2009,41(4):649-666

[81] Levinson, Stephen C. Pragmatic Reduction of the Binding Conditions Revisited[J]. Journal of Linguistics, 1991,27(1):107-161

[82] Paul Grice. Studies in the Way of Words[M]. Cambridge, MA: Harvard University Press,1989

[83] J. L. Austin. How to Do Things With Words[M]. Oxford: Oxford University Press, 1962(北京:外语教学与研究出版社,2002)

[84] John R. Searle. Speech Acts: An Essay in the Philosophy of Language[M].Cambridge:Cambridge University Press,1969

[85]张德岁.合作原则研究综述[J].江淮论坛,2009(4):135-140

[86]童兵.理论新闻传播学导论[M].北京:中国人民大学出版社,2011

[87]汤红梅,李大勤.合作原则的语用实例研究[J].安徽理工大学学报(社会科学版),2015,17(2):86-91

[88]Fahrus Zaman Fadhly. Flouts of the Cooperative Principle Maxims in SBY's Presidential Interviews[J]. English Review, 2012,1(1):20-35

[89]张涛甫.假新闻是怎样生成的?——以《新闻记者》六年来“十大假新闻”为分析样本[J].新闻记者,2007(2):36-38

[90]韩卫红.假新闻的特点、成因和对策[J].新闻爱好者,2011(10):28-290

[91]陈力丹.假新闻何以泛滥成灾?[J].新闻记者,2002(2):22-23

[92]窦小忱.由假新闻看记者职业道德的失范[J].新闻界，2008(5)：72-73

[93]江汉超.向单一信源说“不”——《盐城晚报》避免假新闻的探索[J].中国记者，2010(12)：48-49

[94]何兆熊.新编语用学概要[M].上海：上海外语教育出版社，2000

[95]辛斌.转述言语与新闻语篇的对话性[J].外国语，2007，30(4)：36-42

[96] Allan Bell. The Language of News Media [M]. Oxford: Blackwell,1991